普通高等教育“十四五”规划教材
高职院校“成果导向”教改系列

会计基础

（第二版）

李福荣／主编
王 欢 刘 鹏 王 璐／副主编

立信会计出版社
LIXIN ACCOUNTING PUBLISHING HOUSE

图书在版编目(CIP)数据

会计基础 / 李福荣主编. —2 版. —上海：立信会计出版社，2021.8(2023.7 重印)

ISBN 978-7-5429-6905-7

Ⅰ. ①会… Ⅱ. ①李… Ⅲ. ①会计学—高等职业教育—教材 Ⅳ. ①F230

中国版本图书馆 CIP 数据核字(2021)第 157983 号

策划编辑　赵志梅
责任编辑　赵志梅
封面设计　南房间

会计基础(第二版)
KUAIJI JICHU

出版发行	立信会计出版社		
地　　址	上海市中山西路 2230 号	邮政编码	200235
电　　话	(021)64411389	传　　真	(021)64411325
网　　址	www.lixinaph.com	电子邮箱	lixinaph2019@126.com
网上书店	http://lixin.jd.com		http://lxkjcbs.tmall.com
经　　销	各地新华书店		

印　　刷	上海万卷印刷股份有限公司	
开　　本	787 毫米×1092 毫米	1/16
印　　张	12.25	
字　　数	322 千字	
版　　次	2021 年 8 月第 2 版	
印　　次	2023 年 7 月第 3 次	
书　　号	ISBN 978-7-5429-6905-7/F	
定　　价	32.00 元	

如有印订差错，请与本社联系调换

preface

第二版 前言

“会计基础”既是会计专业的入门课程，也是经济管理其他专业的必修课程。该课程在高等职业院校会计专业系列骨干课程中处于基础地位，主要帮助学生学习会计的基本理论、基本方法和基本技能，为学习后续课程奠定基础。为适应现代高等职业教育教学改革的需要，培养高等职业会计人才，本教材在编写过程中注重高等职业教育的教学要求，具有如下特点。

1. 遵循学生认知规律，合理布局教材内容

高等职业院校学生的主要来源是高考生，他们对所学专业既无感官认识，也没有实践经验，可以说一无所知。如果让学生一开始就建账、填制凭证、登账并编制报表，他们会“知其然而不知其所以然”。因此，本教材先让学生了解会计工作组织及会计职业，在此基础上介绍会计入门必备的理论知识，在夯实学生理论知识、“知其所以然”的情况下，紧密结合企业主要经济业务来学习会计凭证的填制和审核，登账并编制报表。本教材内容布局合理，符合学生的认知规律。

2. 成果导向教学目标明确，体现高等职业教育特色

本教材紧紧围绕成果导向教学目标、基于工作过程的课程改革理念，力求符合教育部提出的注重基础、突出适用、增加弹性、精选内容的要求，从培养高素质劳动者和技能人才的角度出发，理论与实践相结合，突出高等职业教育特色，为学习后续课程奠定坚实的基础。

3. 学、做结合，满足“教、学、做一体化”的教学需要

本教材在学生掌握会计入门知识的基础上，从制造业主要经济业务的核算入手，结合最新会计准则体系和增值税税率，从经济业务的发生到原始凭证的填制和审核，从原始凭证的填制和审核到记账凭证的填制和审核，从记账凭证的填制和审核到账务处理程序的选择，从账务处理程序的选择到账簿的登记，从账簿的登记到会计报表的编制，前后任务连贯有序，融理论与实践为一体，符合会计工作流程，操作性强，满足“教、学、做一体化”的教学需要。

4. 结构新颖,体现教学改革和培养人才的需要

本教材结构合理,学习情境开头设有教学目标和情境学习导图;主体内容进行会计理论阐述并配有大量例题;本学习情境小结明确所学重点;同步实训学、做结合,巩固所学知识。本教材版面设计合理,条理清晰;文字表述准确、精练,深入浅出;例题经典、通俗易懂。本教材有利于培养学生的实际动手能力、分析问题和解决问题的能力,充分体现近年来我国会计基础教学改革和研究的最新成果。

5. 示范性强,适用面广

本教材内容切合教学实际需要,能从教师和学生两个主体出发,符合教师的教学特点,也符合学生的认知规律。本教材既可作为高等职业院校会计及相关专业的教学用书,也可作为经济管理人员和在职人员的培训及自学参考用书。

本教材由李福荣任主编,负责总体组织策划并负责对全书进行总纂和定稿;由王欢、刘鹏、王璐任副主编。具体分工如下:刘鹏编写学习情境1,王欢编写学习情境2,周玉凤编写学习情境3,王璐编写学习情境4,李福荣编写学习情境5和学习情境6,杨鑫慧编写学习情境7中的学习子情境1,王宇晴编写学习情境7中的学习子情境2至学习子情境4。本教材的编者都是长期从事会计理论教学和会计实践工作的一线教师及企业工作人员,他们根据多年的教学经验和工作实践,考虑高等职业院校学生的学习特点、人才培养目标及社会需求进行编写,能充分满足教与学的需要。

由于时间仓促,编者水平有限,教材中难免存在疏漏和不妥之处,恳请专家和读者批评指正,以便再版时更正。

编　者

contents 目录

学习情境 1

了解会计工作组织和会计职业

教学目标

知识

1. 理解会计工作组织的意义；
2. 阐述会计工作组织的形式、会计职业的特点和种类；

技能

3. 能指出企业会计工作组织的构成；
4. 能准确说出会计职业前景；

素养

5. 能感受会计职业前景并快乐地学习；
6. 能自觉树立遵纪守法意识。

情境学习导图

- 了解会计工作组织和会计职业
  - 了解会计工作组织
    - 会计工作组织的意义、设立原则和形式
    - 设置会计机构
    - 配备会计工作人员
    - 制定和执行会计法规制度
  - 了解会计职业
    - 认识会计职业
    - 了解会计职业的种类
    - 展望会计职业的前景

学习子情境1 了解会计工作组织

一、会计工作组织的意义、设立原则和形式

（一）会计工作组织的意义

会计工作组织是指对会计机构设置、会计人员配备、会计业务操作，以及会计规范的制定和执行等各项工作的统筹安排。正确组织好会计工作具有重要的意义。

1. 提高会计工作的质量和效率

会计为经营管理提供的会计信息，要经过从会计凭证、会计账簿到会计报表这样一个周而复始的循环过程。在这个过程中，会计核算通常是借助于一系列专门的方法、相应的手续及程序对数据进行记录、计算、分类、汇总、分析和检查等来完成的。全部过程包括一系列的程序，需要履行各种手续。各程序及手续之间环环相扣、紧密相连。在任何一个环节上出现了差错，都必然造成整个核算结果不正确或不能及时完成，进而影响整个会计核算工作的质量和效率。因此，必须结合会计工作的特点，科学地设置会计机构并配备高素质的会计人员，严格执行会计法规，认真制定内部会计制度，从而保证会计工作质量，提高会计工作效率。

2. 确保与其他经济管理工作协调一致

会计是经济管理的一个重要组成部分，同时它又是为经济管理提供信息的一个信息系统。正确组织会计工作，有利于协调会计工作与其他管理工作之间的关系，保证会计工作与其他经济管理工作分工协作、相互配合，共同完成经济管理的任务。

3. 加强单位内部经济责任制

经济管理的一个重要手段就是单位内部实行经济责任制，而单位内部实行经济责任制离不开会计，包括科学的经济预测、正确的经济决策和业绩考评等。科学地组织好会计工作，可以促使单位内部各有关部门管好、用好资金，增收节支，提高经营管理水平，达到提高经济效益的目的。

4. 维护财经制度和财经纪律

会计工作是一项错综复杂的系统工作，政策性很强，必须通过核算如实地反映各企业的经济活动和财务收支，通过监督来贯彻执行国家的有关方针、政策、法律、法规和制度。因此，科学地组织会计工作，可以促使各企业更好地贯彻实施各项方针政策，维护财经纪律，为建立良好的社会经济秩序打下基础。

（二）会计工作组织的设立原则

1. 适应本单位特点

由于各个企业所属性质、经营方式、经营规模、业务内容和数量不同，因此，在设置会计机构、配备会计人员、建立会计制度时，必须从实际出发，考虑企业生产经营的特点和管理要求，以便充分发挥会计的职能和作用。

2. 注意协调与其他经济管理工作的关系

会计工作既有其独立的工作内容和业务范围，又与其他经济管理工作有着十分密切的

联系，与其他经济管理工作既有分工又有协作，具有很强的综合性和政策性。这些特点要求企业在组织会计工作时，要与其他各项经济管理工作互相配合，互相协调，共同实现经济管理的目标。

3. 以提高工作质量和效率为目标

会计工作以提供有用信息和参与经济管理为目标，会计信息同其他产品一样，有质量方面的要求，所以应当精心设计和科学组织会计工作，保证会计工作质量。会计工作组织是实施会计工作和提高会计工作效率的必要条件。因而，会计机构的繁简、内部分工的精细等，都必须以提高会计工作效率为出发点，优化内部组织，减少多余环节，防止出现机构重叠、手续繁杂、重复劳动等不合理现象，力争节约会计工作的时间和费用。

（三）会计工作组织的形式

会计工作组织的形式主要有集中核算形式和非集中核算形式两种。

1. 集中核算形式

集中核算形式是指整个单位的会计工作，包括经济业务核算、会计报表编制和有关的会计分析等，都集中由会计部门负责的组织形式。在集中核算形式下，单位内部的其他部门和下属单位只对其发生的经济业务填制原始凭证，定期对这些原始凭证进行初步的审核、整理和汇总，送交会计部门。集中核算形式的优点是，会计部门能及时掌握企业经济业务的全面情况，便于对其内部各个部门进行会计监督，也便于对会计人员进行管理。集中核算形式的缺点是，不利于单位内部经济责任制的落实。因此，集中核算形式一般适用于小型企业和事业单位。

2. 非集中核算形式

非集中核算形式是指将会计工作分散在单位内部所属单位、部门进行核算的组织形式。在非集中核算形式下，企业的产品成本由生产产品的生产车间进行核算，而损益则由厂部会计机构负责核算。非集中核算形式层次多、手续复杂、核算工作量大，不利于会计人员分工，但便于单位内部利用会计资料加强经营管理，有利于经济责任制的落实。因此，非集中核算形式一般适用于大中型企业。

企业究竟采用哪一种核算形式，应根据企业特点和管理要求，从有利于加强内部管理，加强经济核算的角度来决定。企业可以单独使用集中核算形式或非集中核算形式，也可以将两种核算形式结合起来使用。

请思考：会计工作组织的形式有哪些？

二、设置会计机构

会计机构是各单位办理会计事务的职能机构。建立健全会计机构，配备与工作要求相适应的、具有一定素质和数量的会计人员，制定和执行会计法规制度是做好会计工作，充分发挥会计职能作用的重要保证。

会计机构的设置包括国家会计管理部门、行政事业单位和企业会计机构的设置。我国会计事务管理的最高机构是国家财政部会计司，它是财政部的一个职能部门，主要任务是制定、修订与解释会计准则和会计制度等；地方各级财政部门相应设置会计处（科）等。

《中华人民共和国会计法》（简称《会计法》）第三十六条规定，各单位应当根据会计业务的需要，设置会计机构，或者在有关机构中设置会计人员并指定会计主管人员；不具备设置条件的，应当委托经批准设立从事会计代理记账业务的中介机构代理记账。可见，为了科学、合理地组织会计工作，原则上各单位都需要设置专门从事会计工作的职能部门——会计机构。会计机构设置的形式有下面三种。

1. 单独设置会计机构

实行独立核算的大中型企业，都要单独设置会计机构，并在企业负责人的领导下开展会计工作。在设置总会计师的企业，其会计机构由总会计师直接领导，同时接受上级财务部门的指导和监督。

2. 不单独设置会计机构，但配备专职会计人员

不具备单独设置会计机构条件的，应当在有关机构中配备专职会计人员，并在专职会计人员中指定会计主管人员。这里的"会计主管人员"，是指负责组织、管理会计事务，行使会计机构负责人职权的人员。

3. 委托代理记账

在不具备单独设置会计机构条件、不配备专职会计人员的单位，应当根据《代理记账管理暂行办法》的规定，委托会计师事务所或者持有代理记账许可证书的其他代理记账机构进行代理记账。

请思考：应如何根据单位的具体情况设置会计机构？

三、配备会计工作人员

设置了会计机构，还必须配备合格的会计人员。合理地配备会计人员，是完成会计工作的关键。

（一）会计人员应具备的素质

会计人员应该热爱本职工作，贯彻执行《会计法》，财经法律、法规和有关财务制度，熟悉财经制度，兼顾理论知识与动手能力，还要有扎实的专业素质、较强的写作能力和协调能力。

（二）会计人员的工作职责

1. 进行会计核算

会计核算是会计人员应具备的最基本的职责。会计人员必须根据实际发生的经济业务事项进行会计核算，按照会计制度规定的程序和方法取得、填制和审核会计凭证，及时、准确地登记会计账簿，按期编制和报送会计报表，及时提供能满足各方面需要的会计信息。

2. 实行会计监督

会计人员应通过会计工作，对本单位财务收支和经济活动的合法性、合理性、有效性进行监督。

会计监督的主要内容包括：

（1）通过审核原始凭证，制止各种不法行为。对不真实、不合法的原始凭证不予受理；对弄虚作假严重违法的原始凭证，在不予受理的同时应当予以扣留，并及时向单位领导汇报；对记载不准确、不完整的原始凭证予以退回。

（2）督促建立并严格执行财产清查制度，及时发现和汇报账实不相符的现象，并及时按

有关规定进行相应处理。

(3) 通过办理各种财务收支事项，制止或揭发违反法律、法规和规章制度的行为。

3. 拟定本单位办理会计事项的具体制度或办法

会计人员要拟定本单位办理会计事项的具体制度或办法，如会计人员岗位责任制度、内部稽核制度、财产清查制度、账务处理程序等。

4. 参与制订本单位各项计划

会计人员应参与制订本单位经营计划和业务计划，编制预算计划和财务计划等，并分析其执行情况，提出改进的措施和建议，促使有关部门改善经营管理。

(三) 会计人员的工作权限

1. 有权要求相关部门和人员遵守国家财经制度

会计人员有权要求本单位有关部门人员认真执行国家批准的计划、预算，遵守国家财经纪律和会计制度。如果有关人员违反相关规定，会计人员有权拒绝付款、拒绝报销或拒绝执行，并向本单位领导人报告。对于弄虚作假、营私舞弊、欺骗上级等违法乱纪行为，会计人员必须拒绝执行，并向本单位领导人或上级机关、财政部门报告。会计人员对于违反制度、法律、法规的事项，不拒绝执行，又不向领导或上级机关、财政部门报告的，应负连带责任。

2. 有权参与本单位相关的经济管理活动

会计人员有权参与本单位计划、预算的编制，制定定额，签订经济合同，参加有关的生产、经营管理会议；有权了解本单位的生产经营情况。

3. 有权对各项财务收支活动进行监督

会计人员有权监督、检查本单位有关部门的财务收支、资金使用和财产保管、收发、计量、检验等情况；有权要求涉及的部门提供资料，如实反映情况。

(四) 会计人员的法律责任

会计人员依法进行会计核算、实行会计监督是法律赋予会计人员的一项职责。对于忠于职守，坚持原则，作出显著成绩的会计人员，应给予一定的精神或物质奖励；对于不宜担任会计工作的有关人员，上级主管单位应当责成所在单位予以撤职或免职；对于提供虚假财务会计报告(又称财务报告)，做假账、隐匿或者故意销毁会计凭证、会计账簿、财务会计报告，贪污、挪用公款，职务侵占等会计人员应依法追究其行政责任或刑事责任。

四、制定和执行会计法规制度

会计法规制度是组织和从事会计工作必须遵守的规范，是经济法规制度的重要组成部分。

制定和执行会计法规制度，可以保证会计工作贯彻执行国家有关的财政方针和政策；保证会计工作按我国市场经济方向正确进行；可以使其提供的会计资料和会计信息真实、及时，更好地满足各个方面的需要。

我国企业的会计法规制度，是以《中华人民共和国会计法》为中心形成的较为完备的会计法规体系，包括《会计法》《企业会计准则》《小企业会计制度》《企业会计制度》等会计核算方面的法规制度，以及《会计人员职权条例》《中华人民共和国注册会计师法》(简称《注册会计师法》)《总会计师条例》《会计基础工作规范》《会计档案管理办法》等其他会计法规制度。

学习子情境2　了解会计职业

一、认识会计职业

会计职业是指个人在社会所从事的,作为其主要生活来源的会计工作。会计职业具有以下特点。

1. 技术含量高

会计是一门专有技术,会计工作是单位经济管理工作的重要组成部分。会计人员是单位的重要管理人员,会计人员应在熟练掌握会计知识的情况下对单位的经济活动进行核算与监督。会计人员要具有专门的会计知识才能胜任会计工作。

2. 社会对会计职业需求量大

任何单位的经济活动都需要会计人员进行核算与监督,都需要具备会计知识和具有工作能力的会计人员。社会对会计职业需求量大,因此会计人员可以根据自身的水平寻找相应的单位从事会计工作,为所在单位的经营管理和需要信息的有关部门及人员提供会计信息。

3. 需要会计人员终生学习

会计人员要具备会计从业能力,才能从事会计工作。取得初级会计师职称、中级会计师职称及注册会计师证书需要参加全国考试,取得高级会计师职称需要考评结合。随着法律、法规、会计准则等的不断颁布和修订,会计人员需要随时学习会计新知识,才能胜任本职工作。

4. 责任与风险并重

前已述及会计人员应具备的素质、工作职责、工作权限和法律责任,会计人员在履行会计工作职责和工作权限时,还要承担相应的风险和责任。

二、了解会计职业的种类

1. 单位会计职业

单位会计职业是指会计人员在企业、政府机关、事业单位等从事会计工作。会计人员的主要工作任务是为其所在单位进行会计核算、会计监督和财务管理等。

2. 公共会计职业

公共会计职业是指为社会各界服务的会计,主要是指注册会计师。执行会计业务的注册会计师,受企业等当事人的委托,对该单位的会计凭证、账簿和会计报表等进行检查,一般是为了鉴定企业的会计报表是否恰当并真实地反映其财务状况、经营成果和现金流量,也有为了特殊目的而进行的审查。注册会计师在服务社会、服务国企改革、促进资本市场发展等方面发挥了重要的审计监督和专业服务作用。

在我国从事注册会计师工作,必须取得注册会计师考试全科合格证,并在注册会计师事务所从事审计工作2年以上,申请取得注册会计师执业资格,才能独立承担审计业务。未取得注册会计师执业资格者,只能作为注册会计师的助理人员。

请思考：会计职业有哪些种类？

三、展望会计职业的前景

（1）管理会计将成为会计管理的重要手段。作为一名专业会计，应在真实、可靠的信息基础上，利用会计信息数据为企业发展作出规划、决策、控制和业绩评价，担当起企业决策者参谋的重任，或者是直接参与决策。

（2）管理理论的发展迫使会计职业作出变革。

（3）会计职业的国际化趋势日趋明显。

（4）会计职业安全和自我保护意识逐渐增强。

（5）从事会计职业所需要的知识基础与技术能力进一步拓宽。一名职业会计师的胜任能力标准，不仅应包括会计领域先进的专业技术知识，还应涵盖商业方面综合扎实的知识基础，以及全球商业环境的应用知识等。除此之外，应具备将不同行业与会计学科的概念融会贯通的能力、领导技巧、对复杂的经济业务交易进行分析并与他人进行沟通的能力，同时还应具有良好的职业操守。

（6）会计职业是社会上最受人尊敬的职业之一。会计职业是一把“双刃剑”。会计职业是受人尊敬的职业，但对从业者而言又有很高的要求，特别是在目前会计行业问题负面报道不断，人们对会计职业的信任度不断下降的情况下。为此，会计应把道德放在最高位置。无论作为审计者、税务咨询者还是首席财务执行官，会计都应代表最高质量和诚信。由于会计职业是组成市场的关键部分，因此会计必须保持洞察力和独立性。

本学习情境小结

要学好会计专业，从事会计工作，就要了解会计工作组织和所从事的会计职业。会计工作组织是指对会计机构设置、会计人员配备、会计业务操作，以及会计规范的制定和执行等各项工作的统筹安排。

正确组织好会计工作可以提高会计工作的质量和效率，可以确保与其他经济管理工作协调一致，可以加强单位内部经济责任制，可以维护财经制度和财经纪律。

组织会计工作应考虑本单位特点，注意协调与其他经济管理工作的关系，要以提高工作质量和效率为目标。

会计工作组织的形式主要有集中核算形式和非集中核算形式两种。

集中核算形式是指整个单位的会计工作，包括经济业务核算、会计报表编制和有关的会计分析等，都集中由会计部门负责的组织形式。

非集中核算形式是指将会计工作分散在单位内部所属单位、部门进行核算的组织形式。在非集中核算形式下，企业的产品成本由生产产品的生产车间进行核算，而损益则由厂部会计机构负责核算。

会计机构是各单位办理会计事务的职能机构。建立健全会计机构，配备与工作要求相适应的、具有一定素质和数量的会计人员，制定和执行会计法规制度是做好会计工作，充分发挥会计职能作用的重要保证。

会计人员要履行相应的职责和权限，并担负相应的法律责任。

会计职业是指个人在社会所从事的，作为其主要生活来源的会计工作。会计职业具有技术含量高、社会对会计职业需求量大、需要会计人员终生学习，以及责任与风险并重的特点。

会计职业分为单位会计职业和公共会计职业。会计职业具有广阔的发展前景。

同步实训

一、单选题

1. (　　)是我国企业会计法规制度的中心。

A.《企业会计准则》　　B.《小企业会计制度》

C.《注册会计师法》　　D.《会计法》

2. 会计为经营管理提供的会计信息，要经过(　　)这样一个周而复始的循环过程。

A. 从会计凭证、会计账簿到会计报表

B. 从会计账簿、会计凭证到会计报表

C. 从会计账簿、会计报表到会计凭证

D. 从会计报表、会计账簿到会计凭证

3. 集中核算形式一般适用于(　　)。

A. 大型事业单位　　B. 大型企业

C. 中型企业　　D. 小型企业和事业单位

4. 在我国从事注册会计师工作，必须取得注册会计师考试全科合格证，并在注册会计师事务所从事审计工作(　　)年以上，申请取得注册会计师执业资格，才能独立承担审计业务。

A. 1　　B. 2　　C. 3　　D. 4

二、多选题

1. 会计工作组织的形式主要有(　　)。

A. 集中核算形式　　B. 非集中核算形式

C. 独立核算形式　　D. 联合核算形式

2. 会计职业的种类有(　　)。

A. 固定会计职业　　B. 自由会计职业

C. 单位会计职业　　D. 公共会计职业

3. 会计职业的特点包括(　　)。

A. 技术含量高　　B. 社会对会计职业需求量大

C. 需要会计人员终生学习　　D. 责任与风险并重

4. 我国企业的会计法规制度包括(　　)。

A.《会计法》　　B.《企业会计准则》

C.《小企业会计制度》　　D. 单位内部制订的成本计划

5. (　　)是做好会计工作、充分发挥会计职能作用的重要保证。

A. 建立健全会计机构

B. 单位经济效益

C. 配备与工作要求相适应的、具有一定素质和数量的会计人员

D. 制定和执行会计法规制度

三、判断题

1. 我国会计事务管理的最高机构是国家财政部会计司。（　　）
2. 我国《会计法》第三十六条规定，各单位必须设置会计机构。（　　）
3. 从事会计工作的人员，一定要考取初级会计师证书。（　　）
4. 会计人员只要履行相应的职责和权限，可以不承担法律责任。（　　）
5. 在我国，未取得注册会计师执业资格者，只能作为注册会计师的助理人员。（　　）

学习情境2

认知会计含义、目标和方法

教学目标

知识

1. 简要说明会计含义和特点；
2. 准确描述会计目标和会计方法；

技能

3. 能准确描述会计的产生和发展过程；
4. 能描述会计含义、特点、目标以及会计核算方法之间的关系；

素养

5. 培养自主学习习惯；
6. 对学习会计产生浓厚兴趣。

情境学习导图

- 认知会计含义、目标和方法
  - 认知会计含义和特点
    - 认知会计含义
    - 掌握会计特点
  - 了解会计目标和会计方法
    - 了解会计职能和目标
    - 掌握会计方法

学习子情境 1 认知会计含义和特点

一、认知会计含义

会计是随着人们的生产实践和管理上的需要而产生的。随着生产力的不断发展和管理要求的不断提高，会计经历了一个由简单到复杂、由低级到高级的不断发展和完善的过程。

(一) 了解会计的产生和发展

1. 我国会计的产生和发展

在我国，远在原始社会末期，人类为记录劳动成果的数量，采用了“结绳记事”“刻契计数”等方法，这是人类会计的雏形。那时的会计只是生产职能的附带部分，还没有成为一项独立的专门工作。

独立的会计职能出现于西周时期，西周王朝设立了“司书”“司会”等专门从事会计工作的官吏之职，来管理国家和地方的钱粮赋税。“会计”一词最早出现在西周。清代学者焦循所著《孟子正义》一书对“会计”一词的解释为，“零星算之为计”，“总合算之为会”。

自春秋战国时期至秦代，出现了“籍书”(或称“簿书”)，用“入”“出”作为记录符号来反映各种经济收入和支出事项。这种“籍书”就是现在会计账簿的雏形。

李吉甫于唐代元和二年(公元 807 年)撰写的《元和国计簿》和韦处厚于大和元年(公元 827 年)撰写的《大和国计》是我国最早的会计专著。

随着经济的发展，到唐、宋时期，我国会计方法又有了新的发展，创建和运用了“四柱结算法”。“四柱”的内容包括“旧管”“新收”“开除”和“实在”，其含义分别相当于现代会计中的“期初结存”“本期收入”“本期支出”和“期末结存”。“四柱”之间的关系是“旧管＋新收－开除＝实在”，相当于现代会计账户中最基本的关系式“期初结存＋本期收入－本期支出＝期末结存”。运用“四柱结算法”编制的报告当时称为“四柱清册”。“四柱结算法”开始主要运用于官厅之中，后来也逐渐运用于民间商业活动之中。

明末清初，出现了“龙门账”。龙门账将账目划分为“进”“缴”“存”和“该”四大类，运用“进－缴＝存－该”的平衡公式，分别编制“进缴表”和“存该表”。这两表计算的盈亏应该相等，称为“合龙门”。到清代，又产生了“天地合账”。它要求一切账项都要在账簿上记录两笔，既登记“来账”，又登记“去账”。其账簿分上、下两格，垂直书写，上格记“收”，称为“天”；下格记“付”，称为“地”。其上、下两格所记数额必须相等，称为“天地合”。“四柱清册”“龙门账”“天地合账”是我国历史上极具特色的传统中式簿记。

中华人民共和国成立后，实行按行业设立会计制度的办法。随着经济的发展、多种经济成分出现以及加入世界贸易组织的需要，在全球经济一体化与资本市场国际化的背景下，我国的会计制度经过多次改革，目前已经建立与国际惯例趋同甚至领先的企业会计准则体系，我国会计进入了一个崭新的发展时期。

2. 国外会计的产生和发展

在国外，会计的产生与发展也经历了漫长的过程。从印度公社来看，早在原始时期就已经出现了记账员，专门记载与农业生产有关的事项。13～15 世纪，地中海沿岸一些城市的手工业和商业日趋繁荣，从而诞生了科学的借贷记账法。1494 年，意大利数学家卢卡·帕乔利所著的《算术、几何、比及比例概要》一书问世。该书系统地论述了复式簿记，复式簿记得以在世界广为流传。帕乔利的著作对欧美各国产生了重大影响。该著作传入欧洲大陆形成大陆式会计，传入英国和美国形成英美式会计。日本明治维新后从英国学得复式簿记。20 世纪初，清政府派员赴日学习，英美式会计的复式簿记由日本传入我国。

随着经济的发展和科技的进步，会计制度逐渐完善，各种会计组织建立，会计手段由当初的手工会计逐渐发展为电算化会计，会计的管理职能也越来越重要，形成了新的学科体系，这些都标志着“经济越发展，会计越重要”。

请思考：“会计”一词的含义是什么？

（二）掌握会计的含义

会计是以货币为主要计量单位，采用专门方法和程序，对企业和行政事业单位的经济活动进行完整、连续、系统的核算和监督，以提供经济信息和反映受托责任履行情况为主要目的的经济管理活动。

二、掌握会计特点

会计作为一项经济管理活动，具有以下特点。

1. 以货币为主要计量单位

计量单位是指用来度量事物数量的尺度标准。会计对经济活动进行计量和记录，可以采用实物、劳动和货币三种计量单位。其中，实物计量单位是用来计量实物数量的指标，如千克、件、吨、台等，但实物计量单位无法进行综合。劳动计量单位是用来计量劳动消耗量的指标，如小时（工时）、日（劳动日）等，劳动计量单位同样也不具有综合性。货币计量单位是商品的一般等价物，所有的财产物资均可转换为货币来计量，再进行汇总，所以货币计量单位具有综合性。会计在以货币为主要计量单位的同时，以实物计量单位和劳动计量单位为辅，对经济业务进行核算，可以满足会计核算中综合反映经济业务的需要。

2. 对经济活动进行完整、连续、系统的核算和监督

完整是指对所有的经济活动都要进行记录和计量，不能遗漏；连续是指会计需要按照经济业务发生的时间顺序，不间断地进行记录和计量；系统是指对所有的经济业务的记录都要采用一系列专门的方法和程序，科学有序地进行分类记录和计量，以取得有用的信息。

3. 以合法的会计凭证为依据

会计的任何记录和计量都必须以会计凭证为依据，每项经济业务发生或完成后，都必须取得或填制会计凭证，并对其真实性和可验证性进行审核，只有审核无误的会计凭证才能作为会计核算的依据。

4. 有一套完整的方法体系

会计在其发展过程中形成了一套完整的专门方法，如填制和审核会计凭证、登记账簿、编制会计报表等。这些方法是在长期会计实践活动中形成的，已构成了一个完整的方法体系。

请思考：会计有哪些特点？

学习子情境 2　了解会计目标和会计方法

一、了解会计职能和目标

(一) 明确会计职能

会计职能是指会计在经济管理过程中所具有的功能。会计职能包括会计的基本职能和会计的拓展职能。

1. 会计的基本职能

(1) 会计核算职能。会计核算职能是指会计以货币为主要计量单位，对特定主体的经济活动进行确认、计量和报告。会计核算职能贯穿于经济活动的全过程，是会计最基本的职能。会计核算的内容包括：①款项和有价证券的收付；②财物的收发、增减和使用；③债权债务的发生和结算；④资本、基金的增减；⑤收入、支出、费用和成本的计算；⑥财务成果的计算和处理；⑦需要办理会计手续、进行会计核算的其他事项。

(2) 会计监督职能。会计监督职能是指对特定主体经济活动和相关会计核算的真实性、合法性和合理性进行审查。真实性审查是指检查各项会计核算是否根据实际发生的经济业务进行。合法性审查是指检查各项经济业务是否符合国家有关法律、法规，是否遵守财经纪律，是否执行国家各项方针政策，以杜绝违法乱纪行为。合理性审查是指检查各项财务收支是否符合客观经济规律及经营管理方面的要求，保证各项财务收支符合特定的财务收支计划，实现预算目标。

会计核算与会计监督是相辅相成、辩证统一的。会计核算是会计监督的基础，没有会计核算提供的各种信息，会计监督就失去了依据；会计监督又是会计核算的质量保障，若只有会计核算没有会计监督，就难以保证会计核算提供信息的质量。会计核算处于主导地位，会计监督寓于会计核算过程之中。

2. 会计的拓展职能

随着经济的不断发展，经济关系的复杂化和管理水平的不断提高，会计职能的内涵也不断地得到充实，并开拓了新的领域。会计的职能除了会计核算和会计监督这两大基本职能之外，还包括预测经济前景、参与经济决策和评价经营业绩等拓展职能。这些职能从不同侧面进一步强化了会计在管理中的作用。

(1) 预测经济前景。预测经济前景是指根据财务报告等提供的信息，定量或者定性地判断和推测经济活动的发展变化规律，以指导和调节经济活动，提高经济效益。

(2) 参与经济决策。参与经济决策是指根据财务报告等提供的信息，运用定量分析和定性分析方法，对备选方案进行经济可行性分析，为企业经营管理等提供与决策相关的信息。

(3) 评价经营业绩。评价经营业绩是指利用财务报告等提供的信息，采用适当的方法，对企业一定经营期间的资产运营、经济效益等经营成果，对照相应的评价标准，进行定量及定性对比分析，作出真实、客观、公正的综合评判。

(二)了解会计目标

会计目标是要求会计工作完成的任务或达到的标准,即向财务报告使用者提供与企业财务状况、经营成果和现金流量等有关的会计信息,反映企业管理层受托责任履行情况,有助于财务报告使用者作出经济决策,以提高经济效益。

二、掌握会计方法

(一)了解会计基本假设

会计基本假设是指对会计核算所处时间、空间环境等所作的合理假定,是企业会计确认、计量和报告的前提。会计基本假设包括会计主体、持续经营、会计分期和货币计量四项内容。

1. 会计主体

会计主体是指会计工作服务的特定对象,是企业会计确认、计量和报告的空间范围。为了向财务报告使用者反映企业财务状况、经营成果和现金流量,提供与其决策有用的信息,会计核算和财务报告的编制应当集中反映特定对象的活动,并将其与其他经济实体区别开来。在会计主体假设下,企业应当对其本身发生的交易或者事项进行会计确认、计量和报告,反映企业本身所从事的各项生产经营活动和其他相关活动。

2. 持续经营

持续经营是指在可以预见的将来,企业会按当前的规模和状态继续经营下去,不会停业,也不会大规模削减业务。在持续经营假设下,会计确认、计量和报告应当以企业持续、正常的生产经营活动为前提。

3. 会计分期

会计分期是指将一个企业持续经营的生产经营活动划分为一个个连续的、长短相同的期间。会计分期的目的,在于通过会计期间的划分,将持续经营的生产经营活动划分为连续、相等的期间,据以结算盈亏,按期编制财务报告,从而及时向财务报告使用者提供有关企业财务状况、经营成果和现金流量的信息。

4. 货币计量

货币计量是指会计主体在会计确认、计量和报告时以货币计量,反映会计主体的生产经营活动。货币是商品的一般等价物,是衡量一般商品价值的共同尺度,具有价值尺度、流通手段、贮藏手段和支付手段等特点。选择货币这一尺度进行计量,能够全面、综合地反映企业的生产经营情况。

(二)了解会计基础

会计基础是指会计确认、计量和报告的基础。会计基础包括权责发生制和收付实现制两种。

1. 权责发生制

权责发生制是指收入、费用的确认应当以收入和费用的实际发生而非实际收支作为确认的标准。

在权责发生制下,凡是当期已经实现的收入和已经发生或者应当负担的费用,无论款项是否收付,都应作为当期的收入和费用,记入利润表;凡不属于当期的收入和费用,即使款项已经在当期收付,也不应作为当期的收入和费用。权责发生制强调经营成果的计算。在我国，企业会计核算采用权责发生制。

2. 收付实现制

收付实现制是指以实际收到或支付现金作为确认收入和费用的标准。它按照款项实际收到或付出的日期来确定收入和费用的归属期。

在收付实现制下，凡是当期实际收到款项的收入和付出款项的费用，不论其是否属于当期，都作为当期的收入和费用处理；凡是当期没有实际收到款项的收入和没有付出款项的费用，均不作为当期的收入和费用处理。在我国，行政事业单位会计核算一般采用收付实现制；事业单位存在经营业务需要采用权责发生制进行核算的，按财政部的相关规定执行。

（三）了解会计方法

会计方法是指发挥会计职能，实现会计目标的手段。会计是由会计核算、会计分析和会计检查三部分组成的，因此会计方法分为会计核算方法、会计分析方法和会计检查方法。会计核算方法是基础，会计检查方法是会计核算方法的继续，会计分析方法是会计核算方法的补充，三者构成一个完整的科学方法体系。这里主要介绍会计核算方法。

会计核算方法是对经济业务进行连续、系统、综合、全面的记录和计量，为使用者提供信息的方法。会计核算方法一般包括设置会计科目（简称科目）和账户、复式记账、填制和审核会计凭证、登记账簿、计算成本、清查财产、编制会计报表。下面只简要说明各会计核算方法的特点和它们之间的联系（以后各学习情境将陆续说明各种方法的具体运用）。

1. 设置会计科目和账户

会计对象包含的内容纷繁复杂，因此需要通过设置若干会计科目和账户，对会计对象的具体内容进行分类核算，这样才能完整、连续、系统地反映企业的经济活动。

2. 复式记账

复式记账是指对每一项经济业务都要在两个或两个以上相关账户中进行记录的一种会计核算方法。采用复式记账，可以相互联系地反映企业经济活动的全貌，可以揭示企业资金运动的来龙去脉。

3. 填制和审核会计凭证

会计凭证是交易或者事项的书面证明，是记账的依据。填制和审核会计凭证是保证会计资料真实的有效手段，有利于保证会计信息的可靠性。

4. 登记账簿

登记账簿是指以会计凭证为依据，在账簿上完整、连续、系统地记录交易或者事项，是一种会计核算方法。通过登记账簿并定期进行对账、结账，可以提供完整、系统的会计资料，也为编制会计报表提供依据。

5. 计算成本

计算成本是指对应计入一定对象的全部耗费进行归集、计算的一种会计核算方法。通过计算成本，一方面能正确计量有关资产的价值，另一方面能为计量企业的经营成果提供数据。

6. 清查财产

清查财产是指对企业各项财产物资进行盘点、核对，以查明其实有数额与会计账簿记录是否相符的一种会计核算方法。若账实不符，应该及时调整账簿记录，使账存数与实存数保持一致，并查明账实不符的原因，明确责任。清查财产不但有利于保证会计核算资料的真实与正确，而且有利于保护企业财产物资的安全与完整。

7. 编制会计报表

编制会计报表是定期、总括地反映企业财务状况、经营成果和现金流量的一种会计核算方法。通过编制、报送或披露会计报表,可以为信息使用者提供有利于决策的会计信息。

以上各会计核算方法是一个完整的体系,它们相互联系、紧密结合、一环紧扣一环,从而保证会计核算工作顺利进行。各会计核算方法之间的工作程序如图 2-1 所示。

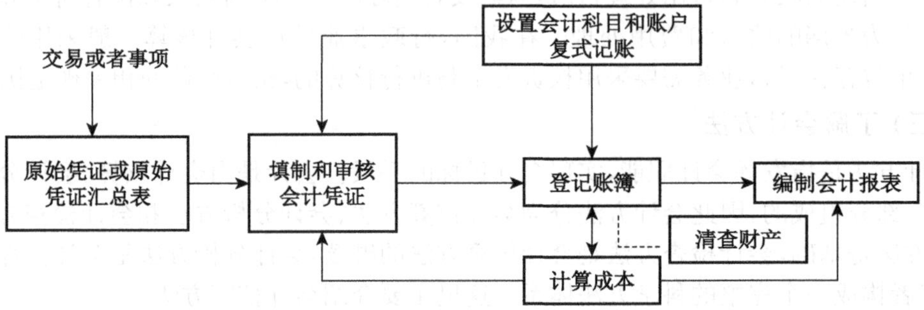

图 2-1　会计核算方法之间的工作程序图

本学习情境小结

了解会计工作组织和会计职业之后,先要学好会计入门的基础知识,在此基础上才能学习会计具体业务操作。

会计的产生和发展有两条主线:一条主线是了解我国会计的产生和发展;另一条主线是国外会计的产生和发展。

会计是以货币为主要计量单位,采用专门方法和程序,对企业和行政事业单位的经济活动进行完整、连续 、系统的核算和监督,以提供经济信息和反映受托责任履行情况为主要目的的经济管理活动。

会计职能包括会计的基本职能和会计的拓展职能。会计的基本职能包括会计核算职能和会计监督职能。会计的拓展职能包括预测经济前景、参与经济决策、评价经营业绩等。

会计目标是要求会计工作完成的任务或达到的标准,即向财务报告使用者提供与企业财务状况、经营成果和现金流量等有关的会计信息,反映企业管理层受托责任履行情况,有助于财务报告使用者作出经济决策,以提高经济效益。

会计基本假设包括会计主体、持续经营、会计分期和货币计量四项内容。会计基础包括权责发生制和收付实现制两种。

会计方法分为会计核算方法、会计分析方法和会计检查方法。

会计核算方法一般包括设置会计科目和账户、复式记账、填制和审核会计凭证、登记账簿、计算成本、清查财产、编制会计报表。

同步实训

一、单选题

1. “会计”一词最早出现在我国的朝代是(　　)。

A. 西周　B. 东周　C. 西汉　D. 唐朝

2. 中华人民共和国成立后，实行按(　　)设立会计制度的办法。

A. 企业统一标准　B. 行业　C. 事业单位　D. 行政单位

3. 强调经营成果计算的会计基础是(　　)。

A. 集中核算形式　B. 收付实现制　C. 权责发生制　D. 分散核算形式

4. 具有综合性特点的计量单位是(　　)。

A. 工时计量　B. 劳动计量　C. 实物计量　D. 货币计量

5. 复式记账是指对每一项经济业务都要在(　　)相关账户中进行记录的一种会计核算方法。

A. 一个　B. 两个

C. 三个　D. 两个或两个以上

二、多选题

1. "四柱"的内容包括(　　)。

A. "旧管"　B. "新收"　C. "开除"　D. "实在"

2. 会计从数量上反映经济活动时可以采用的计量单位有(　　)。

A. 实物计量单位　B. 劳动计量单位

C. 货币计量单位　D. 资产的确认与计量

3. 会计的基本职能包括(　　)。

A. 会计核算职能　B. 会计监督职能　C. 会计管理职能　D. 会计分析职能

4. 会计基本假设包括(　　)。

A. 会计主体　B. 持续经营　C. 会计分期　D. 货币计量

5. 会计基础有(　　)。

A. 集中核算形式　B. 分散核算形式　C. 权责发生制　D. 收付实现制

三、判断题

1. 会计是以货币为主要计量单位，采用专门方法和程序，对企业和行政事业单位的经济活动进行完整、连续、系统的核算和监督，是经济管理的全部。(　　)

2. 会计监督是会计核算的质量保障。(　　)

3. 复式记账法可以相互联系地反映企业经济活动的全貌，不能揭示企业资金运动的来龙去脉。(　　)

4. 登记账簿是保证会计资料真实的有效手段，有利于保证会计信息的可靠性。(　　)

5. 我国企业采用收付实现制进行会计核算。(　　)

学习情境3

明确会计对象、掌握会计要素和运用会计等式

教学目标

知识

1. 明确会计对象；
2. 准确划分会计要素；
3. 准确运用会计等式；

技能

4. 能对会计要素准确分类；
5. 能利用会计等式准确地分析和判断经济业务变化的类型；

素养

6. 能积极参与并快乐地学习会计要素和会计等式。

情境学习导图

明确会计对象、掌握会计要素和运用会计等式

- 明确会计对象
  - 了解会计一般对象
  - 明确会计具体对象
- 掌握会计要素
  - 划分会计要素
  - 掌握会计要素的内容
- 运用会计等式
  - 理解会计等式
  - 掌握经济业务发生对会计等式的影响

学习子情境1 明确会计对象

一、了解会计一般对象

会计对象是指会计核算和监督的内容，即会计的客体。明确会计对象，对于确定会计目标，研究和运用会计方法，更好地发挥会计在经济管理中的作用，具有重要的意义。由于会计服务的主体性质不同，会计核算和监督的内容也不尽相同，因此会计对象可以分为会计一般对象和会计具体对象。

社会再生产过程是由生产、分配、交换和消费四个相互关联的环节组成的。生产是指人们利用劳动资料对劳动对象进行加工、生产和创造出物质产品；分配是指生产中创造的社会总产品在国家、投资者、债权人和劳动者个人之间进行分配；交换是指将产品由生产领域，经过流通领域，到消费领域，满足社会和人们的生活需要；消费是指再生产过程中发生的人力、物力和财力等各种消耗。构成社会再生产过程链条的经济活动是由一系列企业、行政事业单位和社会团体等单位的经济活动构成的。在不同的经济体制下，社会再生产过程的资金运动过程和表现形式也有所不同。

在商品经济条件下，社会再生产过程既可以表现为使用价值的运动——各种物资的生产和交换，也可以表现为价值的运动——价值的形成、价值的实现和价值的分配。这样，就会有以使用价值和价值为中心的经济管理。在市场经济条件下，对社会再生产过程的管理主要是以价值为中心，因此，各级管理者应广泛利用各种价值指标，对社会再生产过程中的经济活动进行管理。会计主要是利用货币计量，对社会再生产过程的经济活动进行核算和监督的一种管理工作。因此，再生产过程中发生的、能够用货币表现的经济活动，即企业和行政事业单位以及社会团体的资金运动就构成了会计的一般对象。

二、明确会计具体对象

由于不同性质的会计主体本身的生产经营活动的特点不同，其资金运动过程和表现形式不尽相同，核算和监督的内容也有所不同。因此，会计具体对象因会计主体性质不同而不同。下面以工业企业为例，说明会计具体对象。

工业企业的基本经营活动是生产产品，其再生产过程包括以生产产品为中心的供应过程、生产过程和销售过程。工业企业在供应过程中采购材料、支付货款和采购费用，计算材料的采购成本；在生产过程中一方面制造出产品，另一方面要发生和计算各种耗费，计算产品的生产成本；在销售过程中一方面销售产品取得销售货款，另一方面要支付包装、运输、广告等销售费用。此外，工业企业还要计算和分配企业的利润等。故工业企业的会计具体对象可以概括为工业企业再生产过程中的资金运动。工业企业再生产过程中的资金运动按其运动程序可以分为资金筹集、资金周转和资金分配三个基本环节；其资金运动的形态表现为货币资金形态、储备资金形态、生产资金形态和成品资金形态，最后又回到货币资金形态。因此，工业企业会计核算和监督的内容，就是工业企业供、产、销过程中能够用货币计量的经济活动，也就是工业企业供、产、销过程中的资金运动。工业企业资金运动过程如图3-1所示。

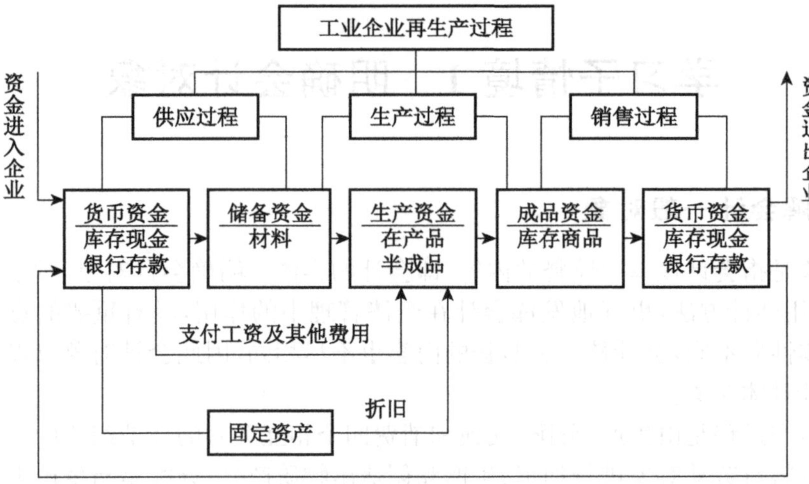

图 3-1　工业企业资金运动过程

学习子情境 2　掌握会计要素

一、划分会计要素

会计要素是对会计对象按其经济特征所作的分类项目，是对会计对象的最基本分类，也是构成会计报表框架的基本内容。我国《企业会计准则——基本准则》将企业的会计要素划分为资产、负债、所有者权益、收入、费用和利润。其中，资产、负债和所有者权益三要素侧重于反映企业的财务状况，并构成资产负债表要素；收入、费用和利润三要素侧重于反映企业的经营成果，并构成利润表要素。由于会计核算的最终目的是对外提供财务报告，而财务报告的核心是会计报表，会计要素是构成会计报表框架的基本内容，因此，会计要素又称为会计报表要素。

二、掌握会计要素的内容

(一) 资产

1. 资产的定义

资产是指企业过去的交易或者事项形成的，由企业拥有或者控制的，预期会给企业带来经济利益的资源。拥有或控制一定数量的资产，是企业进行生产经营活动的前提条件。资产具有以下特征：

(1) 资产是由企业过去的交易或者事项形成的资源。资产是由企业过去的交易或者事项形成的。过去的交易或者事项包括购买、生产、建造行为或其他交易或者事项。预期在未来发生的交易或者事项不形成资产。

(2) 资产应为企业拥有或者控制的资源。资产应为企业拥有或者控制，是指企业享有某项资源的所有权，或者虽然不享有某项资源的所有权，但该资源能被企业所控制。

（3）资产预期会给企业带来经济利益。资产预期会给企业带来经济利益，是指资产直接或者间接导致现金及现金等价物流入企业的潜力。资产必须具有交换价值和使用价值。没有交换价值和使用价值、不能给企业带来未来经济利益的资源不能确认为企业的资产。

2. 资产的确认条件

符合资产定义的资源，在同时满足下列条件时，才能确认为资产：

（1）与该资源有关的经济利益很可能流入企业。

（2）该资源的成本或者价值能够可靠地计量，只有当有关资源的成本或者价值能够可靠地计量时，资产才能予以确认。

3. 资产的分类

资产按其流动性分为流动资产和非流动资产：

（1）流动资产。流动资产是指企业可以在1年或者超过1年的一个营业周期内变现或者运用的资产，是企业资产中必不可少的组成部分。流动资产包括库存现金、银行存款、交易性金融资产、应收及预付款项、存货以及其他流动资产等。

（2）非流动资产。非流动资产是指不能在1年或者超过1年的一个营业周期内变现或者耗用的资产。非流动资产包括长期股权投资、持有至到期投资、固定资产、在建工程、工程物资、无形资产等。

（二）负债

1. 负债的定义

负债是指企业过去的交易或者事项形成的，预期会导致经济利益流出企业的现时义务。负债具有以下特征：

（1）负债是由企业过去的交易或者事项形成的。负债应当由企业过去的交易或者事项所形成。换句话说，只有过去的交易或者事项才形成负债，企业将在未来发生的承诺、签订的合同等交易或者事项，不形成负债。

（2）负债预期会导致经济利益流出企业。预期会导致经济利益流出企业是负债的一个本质特征。只有在履行义务时会导致经济利益流出企业的，才符合负债的定义。

（3）负债是企业承担的现时义务。负债必须是企业承担的现时义务。这里的现时义务是指企业在现行条件下已承担的义务。企业在未来发生的交易或者事项形成的义务，不属于现时义务，不应当确认为负债。

2. 负债的确认条件

符合负债定义的义务，在同时满足以下条件时，确认为负债：

（1）与该义务有关的经济利益很可能流出企业。

（2）未来流出的经济利益的金额能够可靠地计量。

3. 负债的分类

负债按其流动性分为流动负债和非流动负债：

（1）流动负债。流动负债是指将在1年或超过1年的一个营业周期内偿还的债务。流动负债包括短期借款、应付票据、应付账款、预收账款、应付职工薪酬、应交税费、应付股利、其他应付款等。

（2）非流动负债。非流动负债是指偿还期限在1年以上或者超过一个营业周期以上的债务。非流动负债包括长期借款、应付债券、长期应付款和预计负债等。

（三）所有者权益

1. 所有者权益的定义

所有者权益是指企业资产扣除负债后，由所有者享有的剩余权益，即企业的净资产，包括所有者投入的资产、直接计入所有者权益的利得和损失、留存收益等。所有者权益金额的计量取决于资产和负债的计量。

所有者权益的来源包括所有者投入的资本（实收资本和资本公积）、其他综合收益和留存收益（盈余公积和未分配利润）：

（1）所有者投入的资本。所有者投入的资本是指所有者投入企业的资本部分，包括构成企业注册资本或者股本的金额，也包括投入资本超过注册资本或股本部分的金额（资本公积），即资本溢价或股本溢价。

（2）其他综合收益。其他综合收益是指企业根据《企业会计准则》规定未在当期损益中确认的各项利得和损失。

（3）留存收益。留存收益是指企业从历年实现的利润中提取或形成的留存于企业的内部积累，包括盈余公积和未分配利润。

2. 所有者权益的确认条件

所有者权益体现的是所有者在企业中的剩余权益，因此所有者权益的确认和计量主要依赖于资产和负债的确认和计量。

（四）收入

1. 收入的定义

收入是指企业在日常活动中形成的，会导致所有者权益增加的，与所有者投入资本无关的经济利益的总流入。收入具有以下特征：

（1）收入是企业在日常活动中形成的。日常活动是指企业为完成其经营目标所从事的经常性活动，以及与之相关的活动。明确界定日常活动是为了将收入与利得相区分。日常活动是确认收入的重要判断标准，凡是日常活动所形成的经济利益的流入应当确认为收入；反之，非日常活动所形成的经济利益的流入不能确认为收入，而应当计入利得（即营业外收入）。

（2）收入是与所有者投入资本无关的经济利益的总流入。收入应当会导致经济利益的流入，从而导致资产的增加。

（3）收入会导致所有者权益的增加。与收入相关的经济利益的流入应当会导致所有者权益的增加，不会导致所有者权益增加的经济利益的流入不符合收入的定义，不应确认为收入。

2. 收入的确认条件

企业应当在履行了合同中的履约义务，即在客户取得相关商品控制权时确认收入。取得相关商品控制权，是指能够主导该商品的使用并从中获得几乎全部的经济利益。当企业与客户之间的合同同时满足下列条件时，企业应当在客户取得相关商品控制权时确认收入：

（1）合同各方已批准该合同并承诺将履行各自义务。

（2）该合同明确了合同各方与所转让商品或提供劳务（简称转让商品）相关的权利和义务。

（3）该合同有明确的与所转让商品相关的支付条款。

（4）该合同具有商业实质，即履行该合同将改变企业未来现金流量的风险、时间分布或金额。

（5）企业因向客户转让商品而有权取得的对价很可能收回。

（五）费用

1. 费用的定义

费用是指企业在日常活动中发生的，会导致所有者权益减少的，与向所有者分配利润无关的经济利益的总流出。费用具有以下特征：

（1）费用是企业在日常活动中形成的。

（2）费用会导致所有者权益减少。

（3）费用是与向所有者分配利润无关的经济利益的总流出。

2. 费用的确认条件

费用的确认除了应当符合定义外，至少应当符合以下条件：

（1）与费用相关的经济利益应当很可能流出企业。

（2）经济利益流出企业的结果会导致资产的减少或者负债的增加。

（3）经济利益的流出额能够可靠地计量。

（六）利润

1. 利润的定义

利润是指企业在一定会计期间的经营成果。利润包括收入减去费用后的净额、直接计入当期利润的利得和损失等。其中，收入减去费用后的净额反映的是企业日常活动的业绩；直接计入当期利润的利得和损失，是指不应当计入当期损益的，会导致所有者权益发生增减变动的，与所有者投入资本或者向所有者分配利润无关的利得或者损失。利得是指由企业非日常活动所形成的，会导致所有者权益增加的，与所有者投入资本无关的经济利益的流入；损失是指由企业非日常活动所发生的、会导致所有者权益减少的、与向所有者分配利润无关的经济利益的流出。

2. 利润的确认条件

利润反映的是收入减去费用、利得减去损失后净额的概念。因此，利润的确认主要依赖于收入和费用，以及利得和损失的确认。其金额的确定也主要取决于收入和费用，以及利得和损失金额的计量。

学习子情境 3　运用会计等式

一、理解会计等式

会计等式是指会计要素之间的基本数量关系的表达式。会计等式是对会计要素的性质及相互之间的内在经济关系所作的概括和科学的表达，是正确地设置会计科目和账户、复式记账、试算平衡、编制会计报表的重要理论依据。

1. 资产、负债和所有者权益的关系

任何企业为了实现其经营目标，都必须拥有一定数量的资产。企业的资产有两个来源：

一是所有者提供的，二是债权人提供的。所有者和债权人对企业资产的要求权称为权益。企业的投资者和债权人为企业提供了多少资产，相应就拥有多少权益，即资产等于权益。投资者作为企业的所有者拥有企业的产权，其权益是所有者权益；而债权人则对企业资产具有优先求偿权，其权益是债权人权益。债权人权益从企业来看就是企业的负债。因此，资产、负债、所有者权益之间必然存在以下关系：

资产＝权益

或　资产＝债权人权益＋所有者权益

或　资产＝负债＋所有者权益　(1)

从任何一个时点来观察，此等式都成立，等式(1)称为静态会计等式，又称会计方程式或会计恒等式。人们提到会计等式时，一般仅指“资产＝负债＋所有者权益”这个反映企业财务状况的最基本的会计等式。这个会计等式也是编制资产负债表的理论依据。

2. 收入、费用和利润的关系

随着商品的销售或者劳务的提供，企业一方面取得各类收入，另一方面为取得收入会发生相关的各种耗费(即费用)。在一定的会计期间内，企业获得的总收入扣除相关的总费用就形成了企业的利润。用公式表示如下：

收入－费用＝利润　(2)

等式(2)称为动态会计等式，是编制利润表的理论依据。

3. 会计六要素之间的关系

会计等式“资产＝负债＋所有者权益”反映的是企业在某个会计期间开始时(即某一特定时日)的财务状况。随着经济活动的进行，在会计期间内，企业一方面取得了收入，因而增加了资产或减少了负债；另一方面要发生各种各样的费用，因而减少了资产或增加了负债。会计等式“收入－费用＝利润”反映的是企业在某一会计期间的经营成果。因此，在会计期间内的任一时点上，即未结账之前，等式(1)和等式(2)就转化为下面的形式：

资产＝负债＋所有者权益＋(收入－费用)　(3)

到了会计期末，企业将收入与费用相抵减，计算出利润，并按规定程序分配给投资者后，剩余的留存收益又归属于所有者权益，这样等式(3)又恢复到等式(1)的形态，即：

资产 ＝ 负债＋所有者权益

由此可见，会计等式揭示了会计要素之间的联系，是进行会计核算的理论依据。

二、掌握经济业务发生对会计等式的影响

会计事项又称会计交易事项或经济业务，是指会计主体与信息用户相关，并且导致经营实体的各项资产和权益发生变化的经济事项。凡是使企业资产、负债、所有者权益、收入、费用、利润等要素发生增减变化的事项或行为都属于会计事项。不属于会计事项的经济业务，不必进行会计处理。例如，企业编制财务成本计划，与外单位签订供销合同等。而属于会计事项的经济业务，必须进行会计处理。

我国各企业、行政事业单位和其他组织，平日发生的经济业务是千变万化、多种多样的。每一项经济业务的发生，都会对会计要素产生一定的影响。一项会计要素发生增减

变动，其他有关要素也必然随之发生等额变动，或者是在同一会计要素中一项具体项目发生增减变动，其他有关项目也随之等额变动。但不管如何增减变动，都不会破坏会计等式中各要素的平衡关系，其资产总量总是与负债和所有者权益的总量相等。以会计等式“资产＝负债＋所有者权益”中的“＝”为核心点，会计要素的增减变动可归纳为以下四种类型：

(1) 等号两边等额同增。

(2) 等号两边等额同减。

(3) 等号左边内部等额增减。

(4) 等号右边内部等额增减。

下面举例说明经济业务的发生对会计等式的影响。

远东有限责任公司 20××年 10 月 31 日的资产负债表(简表)如表 3-1 所示。

表 3-1　　资产负债表(简表)

编制单位:远东有限责任公司　　20××年 10 月 31 日　　单位:元

资产	金额	负债和所有者权益	金额
库存现金	2 000	短期借款	21 000
银行存款	50 000	应付账款	17 000
应收账款	6 500	长期借款	30 500
原材料	10 000	实收资本	120 000
固定资产	920 000	本年利润	800 000
合　计	988 500	合　计	988 500

表 3-1 中资产、负债和所有者权益各为 988 500 元，双方相等。随着 20××年 11 月份经济业务的发生，有关会计要素会发生相应的变化，但无论如何变化，等式两边的总额总是相等的。远东有限责任公司 20××年 11 月份发生如下四项经济业务。

第一，等号两边等额同增。

【任务 3-1】　11 月 2 日，购入材料 15 000 元，材料已经验收入库，货款尚未支付。

这项经济业务使等号左边“原材料”增加 15 000 元，同时使等号右边“应付账款”增加 15 000 元，等号两边同时等额增加，平衡关系保持不变，如表 3-2 所示。

表 3-2　　资产负债表(简表)

编制单位:远东有限责任公司　　20××年 11 月 2 日　　单位:元

资产	金额	负债和所有者权益	金额
库存现金	2 000	短期借款	21 000
银行存款	50 000	应付账款	17 000＋15 000
应收账款	6 500	长期借款	30 500
原材料	10 000＋15 000	实收资本	120 000
固定资产	920 000	本年利润	800 000
合　计	1 003 500	合　计	1 003 500

第二，等号两边等额同减。

【任务 3-2】　11 月 16 日，企业以银行存款 20 000 元偿还银行短期借款。

这项经济业务使等号左边“银行存款”减少 20 000 元，同时使等号右边“短期借款”减少

20 000 元，等号两边同时等额减少，平衡关系保持不变，如表 3-3 所示。

表 3-3 **资产负债表(简表)**

编制单位:远东有限责任公司 20××年 11 月 16 日 单位:元

资产	金额	负债和所有者权益	金额
库存现金	2 000	短期借款	21 000－20 000
银行存款	50 000－20 000	应付账款	32 000
应收账款	6 500	长期借款	30 500
原材料	25 000	实收资本	120 000
固定资产	920 000	本年利润	800 000
合　计	983 500	合　计	983 500

第三，等号左边内部等额增减。

【任务 3-3】 11 月 23 日，从银行提取现金 10 000 元。

这项经济业务使等号左边"银行存款"减少 10 000 元，同时使等号左边"库存现金"增加 10 000 元，等号左边内部同时等额增减，左边总额不变，平衡关系保持不变，如表 3-4 所示。

表 3-4 **资产负债表(简表)**

编制单位:远东有限责任公司 20××年 11 月 23 日 单位:元

资产	金额	负债和所有者权益	金额
库存现金	2 000＋10 000	短期借款	1 000
银行存款	30 000－10 000	应付账款	32 000
应收账款	6 500	长期借款	30 500
原材料	25 000	实收资本	120 000
固定资产	920 000	本年利润	800 000
合　计	983 500	合　计	983 500

第四，等号右边内部等额增减。

【任务 3-4】 11 月 30 日，经批准，企业将长期借款 20 500 元，转为实收资本。

这项经济业务使等号右边"长期借款"减少 20 500 元，同时使等号右边"实收资本"增加 20 500 元，等号右边内部同时等额增减，右边总额不变，平衡关系保持不变，如表 3-5 所示。

表 3-5 **资产负债表(简表)**

编制单位:远东有限责任公司 20××年 11 月 30 日 单位:元

资产	金额	负债和所有者权益	金额
库存现金	12 000	短期借款	1 000
银行存款	20 000	应付账款	32 000
应收账款	6 500	长期借款	30 500－20 500
原材料	25 000	实收资本	120 000＋20 500
固定资产	920 000	本年利润	800 000
合　计	983 500	合　计	983 500

以上四种基本类型可以用图 3-2 表示。

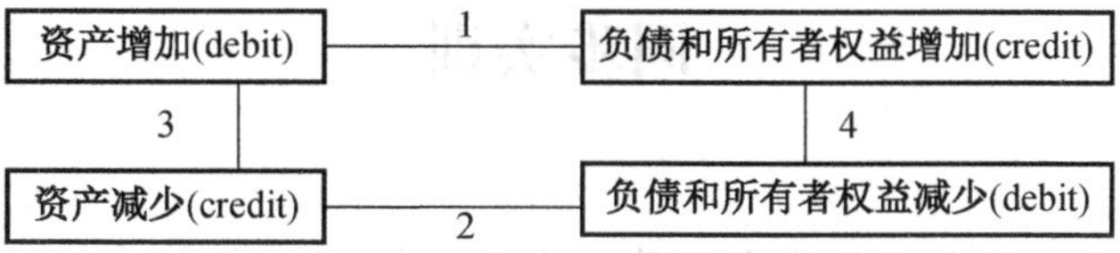

图 3-2　经济业务变化四种基本类型

以上四种基本类型还可以进一步细分为九种情况，如表 3-6 所示。

表 3-6　　经济业务变化的九种情况

基本类型	资产	=	负债	+	所有者权益
第一种类型（等号两边等额同增）	增		增		
	增				增
第二种类型（等号两边等额同减）	减		减		
	减				减
第三种类型（等号左边内部等额增减）	增减				
第四种类型（等号右边内部等额增减）			增减		
					增减
			增		减
			减		增

请思考：经济业务变化有哪四种基本类型？还可以再细分为哪九种情况？

本学习情境小结

会计对象是指会计核算和监督的内容，即会计的客体。会计对象可以分为会计一般对象和会计具体对象。

会计要素是对会计对象按其经济特征所作的分类项目，是对会计对象的最基本分类，也是构成会计报表框架的基本内容。我国《企业会计准则——基本准则》将企业的会计要素划分为资产、负债、所有者权益、收入、费用和利润。各会计要素之间的关系是：

资产＝负债＋所有者权益
收入－费用＝利润
资产＝负债＋所有者权益＋(收入－费用)

经济业务变化有四种基本类型，还可以细分为九种情况。无论哪种类型或哪种情况发生，其结果都不会破坏会计等式(资产＝负债＋所有者权益)的平衡关系。

同步实训

一、单选题

1. 工业企业会计核算和监督的内容是工业企业供、产、销过程中的(　　)。

A. 资金运动　　B. 采购材料　　C. 生产产品　　D. 销售商品

2. (　　)是会计核算和监督的内容。

A. 会计要素　　B. 会计平衡式　　C. 会计报表　　D. 会计对象

3. 编制资产负债表的理论依据是(　　)。

A. 收入－费用＝利润

B. 资产＝负债＋所有者权益

C. 期末余额＝期初余额＋本期增加发生额－本期减少发生额

D. 借方发生额合计＝贷方发生额合计

4. 对会计对象按其经济特征所作的分类项目,就是(　　)。

A. 账户分类　　B. 会计对象　　C. 会计要素　　D. 会计科目

5. 反映企业在某一会计期间经营成果的会计等式是(　　)。

A. 资产＝负债＋所有者权益

B. 收入－费用＝利润

C. 资产＝负债＋所有者权益＋(收入－费用)

D. 期末余额＝期初余额＋本期增加发生额－本期减少发生额

二、多选题

1. 工业企业再生产过程包括(　　)。

A. 供应过程　　B. 生产过程　　C. 销售过程　　D. 循环过程

2. 构成资产负债表要素的有(　　)。

A. 收入　　B. 资产　　C. 负债　　D. 所有者权益

3. 以会计等式“资产＝负债＋所有者权益”中的“＝”为核心点,会计要素的增减变动可归纳的类型有(　　)。

A. 等号两边等额同增　　B. 等号两边等额同减

C. 等号左边内部等额增减　　D. 等号右边内部等额增减

4. 属于流动负债的有(　　)。

A. 应付债券　　B. 应付账款　　C. 短期借款　　D. 应付利息

5. 所有者权益包括(　　)。

A. 实收资本　　B. 资本公积　　C. 盈余公积　　D. 未分配利润

三、判断题

1. 会计要素是对会计对象按其经济特征所作的分类项目,是对会计对象的最基本分类,也是构成会计报表框架的基本内容。(　　)

2. 会计等式是对会计要素的性质及相互之间的内在经济关系所作的概括和科学的表

达，是正确地设置会计科目和账户、复式记账、试算平衡、编制会计报表的重要理论依据。（ ）

3. 资产是指企业现在的交易或者事项形成的，由企业拥有的，预期会给企业带来经济利益的资源。（ ）

4. 任何经济业务的发生都会引起会计等式两边发生增减变化，但并不破坏平衡关系。（ ）

5. 经济业务变化分为四种基本类型，还可以进一步细分为九种情况。（ ）

学习情境 4

设置会计科目、开设账户和运用复式记账

教学目标

知识

1. 熟记会计科目的概念和类别；
2. 牢记各类账户的结构；

技能

3. 能准确判断会计科目类别和账户的结构；
4. 能准确判断经济业务的变化类型；
5. 能准确诠释借贷记账法记账规则的形成；

素养

6. 树立严谨细致的工作作风。

情境学习导图

- 设置会计科目、开设账户和运用复式记账
  - 设置会计科目
    - 设置会计科目的意义
    - 设置会计科目的原则
    - 会计科目表
    - 会计科目的分类
  - 开设账户
    - 设置账户
    - 账户的结构
    - 账户的分类
    - 会计科目与账户的关系
  - 运用复式记账
    - 复式记账
    - 借贷记账法
    - 运用借贷记账法

学习子情境 1 设置会计科目

一、设置会计科目的意义

会计科目是指对会计要素具体内容进行分类核算所规定的项目，是进行会计核算和提供会计信息的基础。企业在生产经营过程中，经常发生各种各样的会计事项。会计事项的发生，必然引起会计要素的增减变动。但是，由于同一会计要素内部的项目不同，其性质和内容也往往不同。例如，同属资产的“固定资产”和“原材料”，其经济内容、在生产中的作用和价值转移方式都不相同；同属负债的“应付账款”“短期借款”“长期借款”，其形成原因、债权人、偿还期限等也不相同。为了完整、系统、分类地核算和监督各项会计要素的增减变化，在实际工作中是通过设置会计科目的方法进行的。设置会计科目，是运用复式记账、正确填制和审核会计凭证、登记账簿、编制和审核会计报表的基础。

二、设置会计科目的原则

1. 考虑会计要素的特点

设置会计科目，必须对会计要素的具体内容进行科学的分类，以便分门别类地核算和监督各项经济业务。各单位应结合本单位会计要素的特点来确定应设置的会计科目。例如，制造企业应设置“生产成本”和“制造费用”会计科目，用来核算和监督制造企业产品的生产过程，商品流通企业则不设置这样的会计科目。

2. 符合会计目标的要求

会计目标是提供有用的会计信息，满足与企业有经济利益关系的各方了解企业财务状况、经营成果和企业内部加强经营管理的需要。例如，企业的盈亏情况是会计信息使用者非常关心的。为此，必须设置“主营业务收入”“主营业务成本”“管理费用”“财务费用”“本年利润”等会计科目，用于反映盈亏的形成。而为了反映企业实有资本，就需要设置“实收资本”会计科目。

3. 做到统一性与灵活性相结合

目前，总账科目由财政部统一制定颁布，但企业可根据自身规模的大小，业务的繁简程度等自行增设、减少或合并某些会计科目。例如，制造企业可增设“备用金”等会计科目，可以不单设“预收账款”和“预付账款”会计科目。

4. 做到会计科目名称简明、易懂和相对稳定

为了便于不同时期会计资料的分析对比，会计科目的设置应保持相对稳定。此外，每个会计科目都有特定的核算内容，名称要含义明确，通俗易懂，便于开设和运用账户，不能将不同特征的资料记入同一会计科目。

三、会计科目表

我国财政部颁布的《企业会计准则——应用指南》，对企业应用的会计科目及其核算内容作出了规定。企业应按规定设置和使用会计科目，为满足教学需要，这里只提供部分与制

造企业生产经营活动有关的会计科目名称，其余更多的内容将在后续有关专业会计课程中介绍。企业会计科目表(简表)如表4-1所示。

表4-1　　企业会计科目表(简表)

编　号	会计科目名称	编　号	会计科目名称
	一、资产类	1801	长期待摊费用
1001	库存现金	1811	递延所得税资产
1002	银行存款	1901	待处理财产损溢
1012	其他货币资金		二、负债类
1101	交易性金融资产	2001	短期借款
1121	应收票据	2101	交易性金融负债
1122	应收账款	2201	应付票据
1123	预付账款	2202	应付账款
1131	应收股利	2203	预收账款
1132	应收利息	2211	应付职工薪酬
1221	其他应收款	2221	应交税费
1231	坏账准备	2231	应付利息
1402	在途物资	2232	应付股利
1403	原材料	2241	其他应付款
1404	材料成本差异	2501	长期借款
1405	库存商品	2502	应付债券
1511	长期股权投资	2701	长期应付款
1512	长期股权投资减值准备	2801	预计负债
1531	长期应收款	2901	递延所得税负债
1601	固定资产		三、共同类
1602	累计折旧	3101	衍生工具
1603	固定资产减值准备	3201	套期工具
1604	在建工程		四、所有者权益类
1605	工程物资	4001	实收资本
1606	固定资产清理	4002	资本公积
1701	无形资产	4003	其他综合收益
1702	累计摊销	4101	盈余公积
1703	无形资产减值准备	4103	本年利润
1711	商誉	4104	利润分配

（续表）

编　号	会计科目名称	编　号	会计科目名称
	五、成本类	6401	主营业务成本
5001	生产成本	6402	其他业务成本
5101	制造费用	6403	税金及附加
	六、损益类	6601	销售费用
6001	主营业务收入	6602	管理费用
6051	其他业务收入	6603	财务费用
6101	公允价值变动损益	6711	营业外支出
6111	投资收益	6801	所得税费用
6301	营业外收入	6901	以前年度损益调整

为了便于编制会计凭证、登记账簿、查阅账目并实行会计电算化，会计科目表统一规定了会计科目的编号。总账科目采取“四位数制”编号，千位数码代表会计科目按会计要素区分的类别，百位数码代表每大类会计科目下的较为详细的类别，十位和个位数码一般代表会计科目的顺序号。为了便于增加和建立某些会计科目，会计科目编号留有空号，企业不应随意打乱重编。企业在填制会计凭证、登记账簿时，应当填列会计科目的名称，或者同时填列会计科目的名称和编号，不应只填列会计科目的编号而不填列会计科目的名称。

四、会计科目的分类

1. 按经济内容分类

会计科目按经济内容的分类是主要的、基本的分类。工业企业的会计科目按其所反映的经济内容，可以划分为六大类：资产类、负债类、共同类、所有者权益类、成本类和损益类，其具体划分可参见表 4-1（考虑到本课程的业务实例不涉及共同类科目，故此处可由授课教师自行处理）。

2. 按提供信息的详细程度及其统驭关系分类

会计科目按提供信息的详细程度及其统驭关系，可以分为总分类科目和明细分类科目。

(1) 总分类科目（又称总账科目或一级科目），是对会计要素的具体内容进行总括分类，提供总括信息的会计科目。总分类科目由国家财政部统一制定颁布。

(2) 明细分类科目（又称明细科目），是对总分类科目作进一步分类，提供更为详细和具体会计信息的科目。明细科目又分为二级科目（子目）和三级科目（细目）。二级科目介于总分类科目与三级科目之间，是对总分类科目所作的进一步分类，它提供的信息要比总分类科目详细，但又比三级科目概括；三级科目是对二级科目的进一步分类，是对二级科目的进一步补充和说明。

明细科目的设置，除财经制度已有规定的以外，各单位可根据实际情况和经营管理的需要自行设置。在实际工作中，除“库存现金”“累计折旧”等少数总分类科目不必设置明细分类科目外，大多数总分类科目都要设置明细分类科目。例如，在“原材料”总分类科目下，按材料的品种、规格开设明细分类科目，如表 4-2 所示。

表 4-2　　会计科目分类表

总分类科目（一级科目）	明细分类科目	
	二级科目（子目）	三级科目（细目）
原材料	原料及主要材料	圆钢 生铁 紫铜
	辅助材料	润滑油 防锈剂
	燃料 ……	汽油 原煤 ……

总分类科目和明细分类科目反映的经济内容相同，只是提供的核算信息的详细程度不同。总分类科目提供的是总括综合的核算信息，而其所属的明细分类科目提供的是详细具体的核算信息。因此，总分类科目对明细科目具有统驭控制作用，明细分类科目对总分类科目起着补充说明作用。

学习子情境 2　开设账户

一、设置账户

账户是指根据会计科目设置的，具有一定格式和结构，用于分类反映会计要素增减变动情况及其结果的载体。设置账户是会计核算的一种专门方法。账户的基本格式如表 4-3 所示。

表 4-3

总　账

第　　页

会计科目＿＿＿＿＿＿＿＿

年		凭证号数	摘要	借方											√	贷方											√	借或贷	余额										
月	日			亿	千	百	十	万	千	百	十	元	角	分		亿	千	百	十	万	千	百	十	元	角	分			亿	千	百	十	万	千	百	十	元	角	分

二、账户的结构

由于经济业务所引起的各项会计要素的变动,从数量上看只有增加和减少两种情况,因此用来分类记录经济业务的账户,在结构上用“借方”和“贷方”两个基本部分来记录各项会计要素具体内容的增加或减少的数额。账户的结构是指在账户中如何记录经济业务所引起的各项会计要素的增减变动情况及结果,即增加记何方,减少记何方,余额在何方(增减各记何方,将在下个学习子情境讲述)。

在实际工作中,账户的具体结构可以根据不同的需要设计出多种多样的格式。尽管格式多种多样,但是从表 4-3 中可以看出,账户的基本内容包括:账户名称、日期、凭证号数、摘要、借方、贷方和余额。其中,反映各个会计要素的借方、贷方和余额这三个部分就形成了账户的基本结构。为了便于说明,通常将账户的基本结构简化为“T”形账户。其格式如图 4-1 所示。

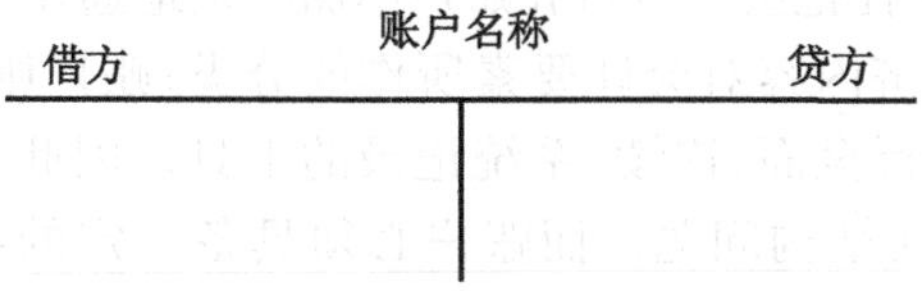

图 4-1　账户的简化格式

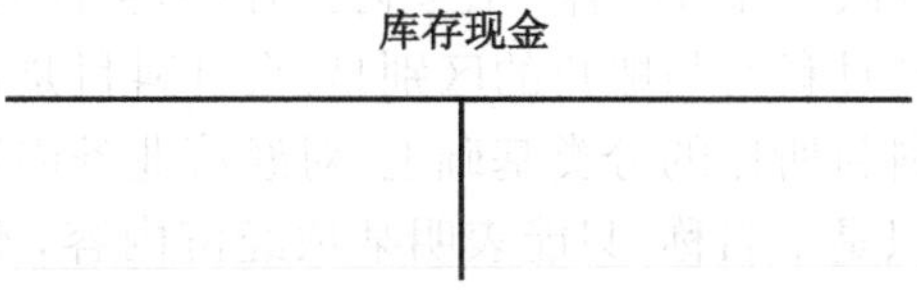

图 4-2　“库存现金”账户的简化格式

在借贷记账法下,由于账户的左方固定为借方,右方固定为贷方,所以“T”形账户不必标出“借方”和“贷方”,也能明确表示出借方和贷方,如图 4-2 所示。

账户中记录四种核算指标,即期初余额、本期增加发生额、本期减少发生额和期末余额。其关系式如下:

期末余额=期初余额+本期增加发生额—本期减少发生额

账户上期期末余额与本期期初余额之间的关系如下:

上期期末余额=本期期初余额

三、账户的分类

与会计科目分类相对应,账户可以根据其核算的经济内容、提供信息的详细程度及其统驭关系进行分类。根据核算的经济内容,账户分为资产类账户、负债类账户、共同类账户、所有者权益类账户、成本类账户和损益类账户;根据其提供信息的详细程度及其统驭关系,账户可分为总分类账户和明细分类账户两类。

(1) 总分类账户。总分类账户又称总账账户,是指按照总账科目开设的,用来反映某一类经济业务总括资料的账户,如“银行存款”“固定资产”和“实收资本”等总分类账户。

(2) 明细分类账户。明细分类账户又称明细账户,是指按照明细科目开设的,用来反映某一类经济业务详细资料的账户。比如,在“应收账款”总分类账户下,可以按照购货单位的名称分别设置明细分类账户,以提供每一位应收客户货款增减变动的详细资料。

设置总分类账户和明细分类账户,提供不同详细程度的会计核算资料,主要是为了满足经营管理的需要。在原材料管理中,有时候需要了解原材料的总体状况,以便分析原材料的总体资金占用水平,这就需要通过“原材料”总分类账户获得相关资料;另一些时候,则需要掌握某类材料的详细情况,以便对具体材料的库存与采购加强管理,保证企业财产的安全与完整，这就需要在“原材料”总分类账户提供原材料总体资料的基础上，进一步按照更加详细的材料项目开设其明细分类账户，以提供某一类原材料的详细资料。

明细分类账户是在总分类账户的基础上，进一步按照更加详细的内容设置的账户，所以明细分类账户所提供的资料比较具体，它对总分类账户的资料起到具体的补充说明作用；总分类账户是按照会计要素具体内容设置的账户，提供的资料比较概括，它对明细分类账户起到控制和统驭的作用。

四、会计科目与账户的关系

会计科目与账户之间既有共同点，又有区别。

会计科目与账户的共同点是：会计科目与账户都是按照相同经济内容来设置的。账户是根据会计科目开设的，会计科目的名称就是账户的名称，会计科目规定的核算内容就是账户应记录反映的经济内容。在实际工作中，会计人员往往把会计科目和账户不加区别地通用。

会计科目与账户的区别是：会计科目是按经济内容对会计要素所作的分类；账户则是在会计科目所作的分类基础上，对经济业务内容进行全面、连续、系统记录的工具。因此，会计科目只是个名称，只能表明某项经济内容，不存在结构问题。而账户必须具备一定的结构，以便记录和反映某项经济内容的增减变动及其结果。

会计对象、会计要素和会计科目三者密切相连，互为依存，连续划分，越分越细，从而满足了会计进行分类核算，提供详略不同的各种会计信息的需要。三者关系如图 4-3 所示。

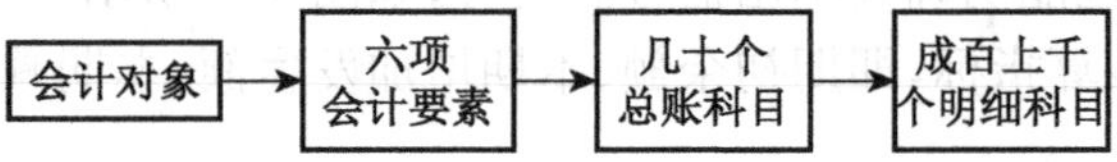

图 4-3 会计对象、会计要素和会计科目关系图

请思考：会计科目与账户有什么关系？

学习子情境 3 运用复式记账

一、复式记账

（一）记账方法

经济业务的发生会引起某些会计要素增减变动，要对这些会计要素变动引起的资金运动加以记录，不仅要科学地设置账户，而且还要运用科学的记账方法来记录经济业务引起的资金运动情况及其结果。记账方法就是指运用特定的记账符号，按照一定的记账规则，使用文字和数字在相关账户中登记各项经济业务的一种专门方法。

（二）记账方法的种类

记账方法分为单式记账法和复式记账法两种。

1. 单式记账法

单式记账法是一种比较简单、不完善的记账方法。单式记账法对于发生的每一项经济业务一般只在一个账户上登记一笔账，账户之间的记录没有直接联系。这种记账方法通常只设置库存现金、银行存款、债权债务账户，一般只记录现金的收付、债权债务的结算，不核算实物资产。例如，“用银行存款 70 000 元购买甲种原材料”这项经济业务，单式记账法只在“银行存款”账户上记录银行存款减少 70 000 元，并不登记原材料的增减变化。显然，单式记账法记账手续简单，但是其账户设置不完整，不能全面、系统地反映经济业务的来龙去脉，不能反映发生经济业务以后各账户之间的对应关系，缺乏平衡制约关系，也不便于检查账户记录的正确性，不能适应复杂的商品生产和交换的需要。

2. 复式记账法

复式记账法是指对每项经济业务都以相等的金额，同时在两个或两个以上相互联系的账户中进行登记的一种记账方法。

复式记账法是从单式记账法发展起来的一种比较完善的记账方法。公元 1494 年，意大利数学家卢卡·帕乔利在威尼斯出版的《算术、几何、比及比例概要》一书中，针对当时流行的威尼斯商业账簿，结合数学原理，第一次系统、概括地论述了复式簿记。从此，复式记账法就逐渐成为国际上通行的一种记账方法。

1）复式记账法的理论依据

复式记账法的理论依据是“资产＝负债＋所有者权益”这一会计平衡公式。例如，“用银行存款 70 000 元购买甲种原材料”这项经济业务，复式记账法既要在“银行存款”账户上记录银行存款减少 70 000 元，又要在“原材料”账户上记录原材料增加 70 000 元。“原材料”账户与“银行存款”账户之间形成对应关系，能够清晰地说明银行存款减少的原因是购买了原材料，原材料增加的资金来源是银行存款而不是库存现金。

2）复式记账法的意义

与单式记账法比较，复式记账法是一种科学的记账方法，对于全面、系统地反映企业资金运动，建立科学的会计核算体系有着重要的意义。

第一，复式记账法同时在两个或两个以上相互联系的账户中记录一项经济业务，能够全面、系统地反映资金的来龙去脉。

在复式记账法下，对每项经济业务都以相等的金额同时在两个或两个以上相互联系的账户中进行登记。这样，一方面反映了资金的来源，另一方面反映了该项资金的去向，能够全面、系统地反映企业整个资金的来龙去脉。

第二，复式记账法以相等的金额记入对应账户，有助于检查账簿记录的正确性。

在复式记账法下，每项经济业务都以相等的金额在相互联系的账户中进行记录，这样就可以利用账户之间的相互依存和平衡关系进行试算平衡，以检查账簿记录的正确性。

3）复式记账法的种类

复式记账法按照记账符号、记账规则、试算平衡方法的不同，可分为借贷记账法、增减记账法和收付记账法。复式记账法的种类如图 4-4 所示。

复式记账法
- 借贷记账法——以“借”和“贷”作为记账符号，以“有借必有贷，借贷必相等”作为记账规则
- 增减记账法——以“增”和“减”作为记账符号，以“同类账户，有增有减”“异类账户同增同减”作为记账规则
- 收付记账法——以“收”和“付”作为记账符号，以“同收同付，有收有付”作为记账规则

图 4-4 复式记账法的种类

借贷记账法是产生最早的复式记账法，也是世界各国普遍采用的记账方法。

1992 年 11 月 30 日，我国财政部发布并于 1993 年 7 月 1 日执行的《企业会计准则》规定，我国境内的所有企业一律采用借贷记账法，从而统一了所有企业的记账方法。我国财政部于 1997 年 5 月 28 日发布并于 1998 年 1 月 1 日起试行的《行政单位会计准则》和《事业单位会计准则》将行政事业单位的会计记账方法也进一步统一为借贷记账法。

二、借贷记账法

（一）借贷记账法的产生

借贷记账法大约产生于 13 世纪的意大利。当时，海上贸易比较发达，意大利的沿海城市形成了许多贸易中心，在这些地方相应地出现了一些专门从事借贷业务、货币兑换业务以及转账业务的借贷资本家，为了适应商业资本和借贷资本家的需要，逐步形成了借贷记账法。“借”和“贷”最初的含义是从借贷资本家的角度来解释的，其中资本家借进的款项，记在“贷”主的名下，表示债务的增加（我欠人）；资本家贷出的款项，记在“借”主的名下，表示债权的增加（人欠我）。随着西方国家商品经济的发展，人们运用“借”和“贷”所记录的内容越来越多，“借”和“贷”两字也就失去了原来的含义，变成了纯粹的记账符号。作为记账符号，“借”和“贷”两字应理解为一个账户上两个相反的方面，即一方表示增加，另一方表示减少。至于哪一方表示增加，哪一方表示减少，这要根据账户的具体性质确定。到了 15 世纪，西方国家形成了完善的借贷记账法理论体系，借贷记账法成为一种比较科学的记账方法，为世界各国普遍采用。

（二）借贷记账法的记账符号

记账符号是指在账户中表示记账方向的记号。借贷记账法是以“借”和“贷”作为记账符号，把每个账户都划分为“借方”“贷方”和“余额”，左方为“借方”，右方为“贷方”，分别登记其反映的经济内容的增加和减少，如图 4-5 所示。至于哪一方表示增加，哪一方表示减少，这取决于账户的性质。

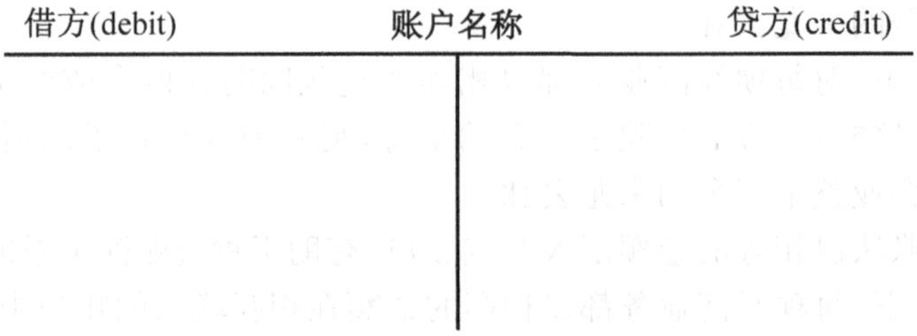

图 4-5　借贷记账法的账户结构

（三）借贷记账法的账户结构

账户的性质就是账户所反映的经济内容。按照会计等式“资产＋费用＝负债＋所有者权益＋收入”，账户可以分为两大类性质不同的账户。处于等式左边的资产类与费用（和成本）类账户为一类，反映资金的使用形式，其借方记录增加，贷方记录减少；处于等式右边的负债和所有者权益类与收入类账户为另一类，反映资金的来源渠道，其贷方记录增加，借方记录减少。

1. 资产类账户结构

资产类账户结构是，其借方登记资产的增加；贷方登记资产的减少；余额一般在借方，表示资产的实有数。资产类账户结构如图 4-6 所示。

借方		资产类账户	贷方
期初余额	×××		
本期借方发生额	×××	本期贷方发生额	×××
	×××		×××
	…		…
本期借方发生额合计	×××	本期贷方发生额合计	×××
期末余额	×××		

图 4-6　资产类账户结构

资产类账户核算关系式如下：

资产类账户期末余额＝期初余额＋本期借方发生额－本期贷方发生额

2. 负债和所有者权益类账户结构

负债和所有者权益类账户结构是，其贷方登记负债和所有者权益的增加；借方登记负债和所有者权益的减少；余额一般在贷方，表示负债和所有者权益的实有数。负债和所有者权益类账户结构如图 4-7 所示。

借方		负债和所有者权益类账户	贷方
		期初余额	×××
本期借方发生额	×××	本期贷方发生额	×××
	×××		×××
	…		…
本期借方发生额合计	×××	本期贷方发生额合计	×××
		期末余额	×××

图 4-7　负债和所有者权益类账户结构

负债和所有者权益类账户核算关系式如下：

负债和所有者权益类账户期末余额＝期初余额＋本期贷方发生额－本期借方发生额

3. 成本和费用类账户结构

成本和费用类账户结构是，其借方登记成本、费用的增加，贷方登记成本、费用的减少。成本类账户（制造费用除外，制造费用一般没有期末余额）若有余额，余额在借方，表示期末在产品的成本；费用类账户期末没有余额。成本和费用类账户结构如图 4-8 所示。

借方		成本和费用类账户	贷方
期初余额	×××		
本期借方发生额	×××	本期贷方发生额	×××
	×××		×××
	…		…
本期借方发生额合计	×××	本期贷方发生额合计	×××
期末余额	×××		

图 4-8　成本和费用类账户结构

注：成本和费用类账户结构与资产类账户结构类似，但费用类账户一般无期末余额。

4. 收入类账户结构

收入类账户结构是，其贷方登记收入的增加，借方登记收入的减少，期末无余额。收入类账户结构如图 4-9 所示。

借方	收入类账户		贷方
本期借方发生额	××× ××× …	本期贷方发生额	××× ××× …
本期借方发生额合计	×××	本期贷方发生额合计	×××

图 4-9　收入类账户结构

注：收入类账户结构与负债类账户结构类似，但收入类账户一般无期末余额。

超链接

本期登记在借方的数额称为“本期借方发生额”，登记在贷方的数额称为“本期贷方发生额”。本期借方发生额和本期贷方发生额均称为“本期发生额”。本期发生额反映资金增减变化情况，为经济管理提供动态经济指标。在期初余额为零的情况下，本期借方发生额和本期贷方发生额相抵减以后的差额称为“期末余额”，如果本期借方发生额大于本期贷方发生额，其余额称为“借方期末余额”；如果本期贷方发生额大于本期借方发生额，其余额称为“贷方期末余额”。本期期末余额顺移至下一个会计期初，即为下一个会计期初的期初余额。期初余额和期末余额反映资金增减变化的结果，为经济管理提供静态经济指标。

(四) 借贷记账法的记账规则

1. 记账规则的形成

通过学习情境 3，我们已经知道企业的经济业务及其所引起的资金运动变化只有四种基本类型：等号两边等额同增；等号两边等额同减；等号左边内部等额增减；等号右边内部等额增减。如果将其中的增减变动用“借”和“贷”符号表示，就可以找出资金运动变化的规律，如表 4-4 所示。

表 4-4　　经济业务变化的四种基本类型

经济业务类型	记账行为	
等号两边等额同增	等号左边账户增加记借方	等号右边账户增加记贷方
等号两边等额同减	等号右边账户减少记借方	等号左边账户减少记贷方
等号左边内部等额增减	等号左边账户增加记借方	等式左边账户减少记贷方
等号右边内部等额增减	等式右边账户减少记借方	等式右边账户增加记贷方

从表 4-4 可知，对每一项会计事项都要以相等的金额，在两个或两个以上相互关联的

账户中进行登记，而且必须同时涉及有关账户的借方和贷方，其借方和贷方的金额一定相等。

2. 借贷记账规则的内容

从表 4-4 可以得出借贷记账法的记账规则：“有借必有贷，借贷必相等”。“有借必有贷”是指任何一项经济业务都应在一个账户的借方（或贷方）和另一个账户的贷方（或借方），或者一个（或多个）账户的借方（或贷方）和另几个账户的贷方（或借方）同时进行登记。“借贷必相等”是指任何一项经济业务记入借方账户的金额和记入贷方账户的金额必须相等。

“有借必有贷，借贷必相等”是四种基本类型的经济业务按照借贷记账法的账户设置和分类、账户结构和用法，以及记账符号的含义进行登记的必然结果。

（五）会计分录和对应账户

1. 会计分录

在实际工作中，对发生的经济业务要取得和填制原始凭证。原始凭证如发票、支票存根、材料入库单等具有法律效力。为了完整、连续、系统地核算和监督经济业务，需要设置账簿，将所发生的经济业务分门别类地进行登记。为了保证账簿记录的正确性，不能直接根据原始凭证登记账簿，必须先对原始凭证上的业务进行分析，将经济业务所涉及的会计科目名称、借贷方向及增减金额，填制到专设的记账凭证上，然后再根据记账凭证登记账簿。记账凭证是登记账簿的依据。

【任务 4-1】 庆哈有限责任公司 20××年 8 月 1 日从银行提取现金 20 000 元，不能根据现金支票存根（如表 4-5 所示）直接登记账簿，而应该先填制记账凭证，如表 4-6 所示。

表 4-5

支票存根

中国工商银行
现金支票存根
××××××××
××××××××

附加信息

出票日期 20××年 8月1日

收款人：	庆哈有限责任公司
金　额：	￥20 000
用　途：	备用

单位主管：×××　会计：×××

表 4-6

记 账 凭 证

记字第　号

20××年8月1日

摘要	科目		借方金额	贷方金额	√
	总账科目	明细科目	亿千百十万千百十元角分	亿千百十万千百十元角分	
提取现金	库存现金		2000000		
	银行存款			2000000	
合　计			¥2000000	¥2000000	

附单据壹张

会计主管：　　记账：　　出纳：　　复核：　　制单：周玉

为了便于印刷和教学，习惯上将记账凭证进行简化，只保留其中的会计科目名称、借贷方向和应记的金额，并且在书写上规定了格式。表 4-5 记账凭证中的内容可以简化为：

借：库存现金　　20 000

　贷：银行存款　　20 000

将记账凭证简化的格式称为会计分录。为简化，可以用会计分录代替记账凭证，其中会计科目名称、借贷方向和应记的金额称为会计分录三要素。会计分录分为简单会计分录和复合会计分录，如图 4-10 所示。

简单会计分录
- 一个借方账户
- 一个贷方账户

复合会计分录
- 一个借方和多个贷方账户
- 一个贷方和多个借方账户
- 多个借方和多个贷方账户

图 4-10　简单会计分录和复合会计分录

2. 对应账户

采用借贷记账法记录各项经济业务时，在有关账户之间都会形成应借、应贷的相互关系。账户之间的这种相互关系，称为账户的对应关系。发生对应关系的账户，称为对应账户。

（六）借贷记账法的试算平衡

由于借贷记账法的记账规则是“有借必有贷，借贷必相等”，因此，在一定时期内（如 1 个月），全部账户的借方发生额必然等于全部账户的贷方发生额。根据会计公式“资产＝负债＋所有者权益”，全部账户的借方期末余额合计数必然等于全部账户的贷方期末余额合计数。试算平衡公式有下列三个：

全部账户期初借方余额合计＝全部账户期初贷方余额合计

全部账户本期借方发生额合计＝全部账户本期贷方发生额合计

全部账户期末借方余额合计＝全部账户期末贷方余额合计

在日常核算中，通常是在月末结出各个账户本月发生额和期末余额，并通过编制试算平衡表来进行的。试算平衡表的格式如表 4-7 所示。

表 4-7

试算平衡表

20××年×月×日

单位：元

账户名称	期初余额		本期发生额		期末余额	
	借方	贷方	借方	贷方	借方	贷方
合计						

三、运用借贷记账法

为了方便举例，通常对原始凭证、记账凭证、账页和会计报表进行适当简化。

(1) 用文字介绍经济业务代替原始凭证。

(2) 用会计分录代替记账凭证。

(3) 用简化的账页格式(“T”形账户)代替真实账页。

(4) 用简化的报表代替真实报表。

【任务 4-2】仍以【任务 3-1】至【任务 3-4】远东有限责任公司资料为例，说明借贷记账法。

第一，远东有限责任公司 20××年 11 月份全部总账账户的期初余额，如表 4-8 所示。

表 4-8

远东有限责任公司总账账户的期初余额

20××年 11 月 1 日

单位：元

资产类总账账户	金额	负债和所有者权益类总账账户	金额
库存现金	2 000	短期借款	21 000
银行存款	50 000	应付账款	17 000
应收账款	6 500	长期借款	30 500
原材料	10 000	实收资本	120 000
固定资产	920 000	本年利润	800 000
合　计	988 500	合　计	988 500

第二，远东有限责任公司 20××年 11 月发生的经济业务和编制的会计分录如下：

(1) 11 月 2 日，购入材料 15 000 元，材料已经入库，货款暂欠。

企业购入材料 15 000 元，原材料增加记借方，货款没有支付，应付账款增加记贷方。其会计分录如下：

借：原材料　　15 000

　贷：应付账款　　15 000

(2) 11 月 16 日，企业以银行存款 20 000 元偿还银行短期借款。

企业以银行存款 20 000 元偿还短期借款，短期借款减少记借方，银行存款减少记贷方。

其会计分录如下：

借：短期借款　　20 000
　贷：银行存款　　20 000

(3) 11 月 23 日，从银行提取现金 10 000 元。

企业从银行提取现金 10 000 元，库存现金增加记借方，银行存款减少记贷方。

其会计分录如下：

借：库存现金　　10 000
　贷：银行存款　　10 000

(4) 11 月 30 日，经批准，企业将长期借款 20 500 元转为实收资本。

将长期借款转为资本金，企业长期借款减少记借方，实收资本增加记贷方。

其会计分录如下：

借：长期借款　　20 500
　贷：实收资本　　20 500

第三，根据上述资料，将有关账户的期初余额、本期借方发生额和本期贷方发生额全部登记入账（"T"形账户）并结出期末余额，如图 4-11 至图 4-20 所示。

借方		库存现金	贷方
期初余额	2 000		
(3)	10 000		
本期借方发生额	10 000	本期贷方发生额	—
期末余额	12 000		

图 4-11 "库存现金"账户

借方		银行存款	贷方
期初余额	50 000		(2) 20 000
			(3) 10 000
本期借方发生额	—	本期贷方发生额	30 000
期末余额	20 000		

图 4-12 "银行存款"账户

借方	应收账款		贷方
期初余额	6 500		
本期借方发生额	—	本期贷方发生额	—
期末余额	6 500		

图 4-13　“应收账款”账户

借方	原材料		贷方
期初余额	10 000		
(1)	15 000		
本期借方发生额	15 000	本期贷方发生额	—
期末余额	25 000		

图 4-14　“原材料”账户

借方	固定资产		贷方
期初余额	920 000		
本期借方发生额	—	本期贷方发生额	—
期末余额	920 000		

图 4-15　“固定资产”账户

借方	短期借款		贷方
		期初余额	21 000
(2)	20 000		
本期借方发生额	20 000	本期贷方发生额	—
		期末余额	1 000

图 4-16　“短期借款”账户

借方	应付账款		贷方
		期初余额	17 000
		(1)	15 000
本期借方发生额	—	本期贷方发生额	15 000
		期末余额	32 000

图 4-17 “应付账款”账户

借方	长期借款		贷方
		期初余额	30 500
(4)	20 500		
本期借方发生额	20 500	本期贷方发生额	—
		期末余额	10 000

图 4-18 “长期借款”账户

借方	实收资本		贷方
		期初余额	120 000
		(4)	20 500
本期借方发生额	—	本期贷方发生额	20 500
		期末余额	140 500

图 4-19 “实收资本”账户

借方	本年利润		贷方
		期初余额	800 000
本期借方发生额	—	本期贷方发生额	—
		期末余额	800 000

图 4-20 “本年利润”账户

第四,编制试算平衡表。

根据所编制的会计分录和账户记录,编制试算平衡表,如表 4-9 所示。

表 4-9　　**试算平衡表**

20××年 11 月 30 日　　单位:元

账户名称	期初余额		本期发生额		期末余额	
	借方	贷方	借方	贷方	借方	贷方
库存现金	2 000		10 000		12 000	
银行存款	50 000			30 000	20 000	
应收账款	6 500				6 500	
原材料	10 000		15 000		25 000	
固定资产	920 000				920 000	
短期借款		21 000	20 000			1 000
应付账款		17 000		15 000		32 000
长期借款		30 500	20 500			10 000
实收资本		120 000		20 500		140 500
本年利润		800 000				800 000
合计	988 500	988 500	65 500	65 500	983 500	983 500

试算平衡表汇总了企业全部账户的核算资料,因此,通过试算平衡表,不仅可以检查记录是否正确、完整,而且可以据以了解企业经济活动的全部情况,并为期末会计报表的编制提供资料。但是,必须指出的是,经试算后的双方数额如果不等,肯定是记账有误,如一方多记,另一方少记等;如果相等,一般来说记账是正确的,除非借方和贷方都多记或者少记了相同的金额,或者应借和应贷科目写错,或者借贷方向记反等。

请思考:什么是会计分录?

本学习情境小结

会计科目是指对会计要素具体内容进行分类核算所规定的项目,是进行会计核算和提供会计信息的基础。

账户是指根据会计科目设置的,具有一定格式和结构,用于分类反映会计要素增减变动情况及其结果的载体。会计科目与账户之间既有共同点,又有区别。

复式记账法是指对每项经济业务都以相等的金额,同时在两个或两个以上相互联系的账户中进行登记的一种记账方法。

复式记账法分为借贷记账法、增减记账法和收付记账法。

借贷记账法产生于意大利,其记账符号是“借”和“贷”,其记账规则为“有借必有贷,借贷必相等”。利用记账规则可以对记账结果进行试算平衡。

将记账凭证简化的格式称为会计分录。为简化,可以用会计分录代替记账凭证,其中会计科目名称、借贷方向和应记的金额称为会计分录三要素。会计分录分为简单会计分录和复合会计分录。

采用借贷记账法记录各项经济业务时，在有关账户之间都会形成应借、应贷的相互关系。账户之间的这种相互关系，称为账户的对应关系。发生对应关系的账户，称为对应账户。

同步实训

一、单选题

1. 对会计要素具体内容进行分类核算所规定的项目，就是（　　）。

A. 会计对象　　B. 会计科目　　C. 会计账户　　D. 会计账簿

2. 设置账户是会计核算的一种专门方法。账户是根据（　　）开设的。

A. 会计对象　　B. 会计要素　　C. 会计科目　　D. 会计分录

3. 复式记账法是指对每项经济业务都以相等的金额，同时在（　　）中进行登记的一种记账方法。

A. 两个账户　　B. 一个账户

C. 所有账户　　D. 两个或两个以上相互联系的账户

4. 我国目前采用的记账方法是（　　）。

A. 借贷记账法　　B. 增减记账法

C. 收付记账法　　D. 单式记账法

5. 总分类账户一般只适用于（　　）。

A. 实物量度　　B. 货币量度　　C. 劳动量度　　D. 实物与货币量度

二、多选题

1. 会计科目按其提供信息的详细程度及其统驭关系，可以分为（　　）。

A. 总分类科目　　B. 明细分类科目　　C. 资产类科目　　D. 负债类科目

2. 会计分录分为（　　）。

A. 过账分录　　B. 更正分录

C. 简单会计分录　　D. 复合会计分录

3. 会计分录三要素包括（　　）。

A. 会计科目名称　　B. 借贷方向　　C. 应记的金额　　D. 试算平衡

4. 下列关于借贷记账法账户的说法中，正确的有（　　）。

A. 资产类账户余额在借方

B. 负债和所有者权益类账户余额一般在贷方

C. 损益类账户无期末余额

D. 成本类与资产类账户类似，但制造费用无期末余额

5. 借贷记账法的试算平衡公式有（　　）。

A. 全部账户期初借方余额合计＝全部账户期初贷方余额合计

B. 全部账户本期借方发生额合计＝全部账户本期贷方发生额合计

C. 全部账户期末借方余额合计＝全部账户期末贷方余额合计

D. 全部账户期初借方余额合计＝全部账户期末贷方余额合计

三、判断题

1. 凡是期末无余额的账户均是损益类账户。 ( )
2. 借贷记账法的记账规则是“有借必有贷,借贷必相等”。 ( )
3. 试算平衡可以保证记账工作准确无误。 ( )
4. 期末,每个账户的借方发生额合计数与贷方发生额合计数必须相等。 ( )
5. “预付账款”账户是资产类账户,“预收账款”账户是负债类账户。 ( )

学习情境5

填制和审核会计凭证

教学目标

知识

1. 认知各类会计凭证；
2. 填制和审核会计凭证；
3. 正确地计算产品成本；

技能

4. 能准确填制和审核会计凭证；
5. 能准确地计算产品成本；

素养

6. 遵守企业会计准则和相关法规。

情境学习导图

- 填制和审核会计凭证
  - 认知会计凭证
    - 会计凭证的意义和种类
    - 原始凭证的基本内容、填制和审核
    - 记账凭证的基本内容、填制和审核
    - 会计凭证的传递和保管
  - 核算筹集资金业务
    - 筹集资金业务的核算内容
    - 核算筹集资金业务设置的账户
    - 典型工作任务举例
  - 核算供应过程业务
    - 供应过程业务的核算内容
    - 计算材料采购成本
    - 核算供应过程业务设置的账户
    - 典型工作任务举例
  - 核算生产过程业务
    - 生产过程业务的核算内容
    - 计算产品的生产成本
    - 核算生产过程业务设置的账户
    - 典型工作任务举例
  - 核算销售过程业务
    - 销售过程业务的核算内容
    - 核算销售过程业务设置的账户
    - 典型工作任务举例
  - 核算财务成果业务
    - 财务成果业务的核算内容
    - 核算财务成果业务设置的账户
    - 典型工作任务举例

学习子情境1 认知会计凭证

一、会计凭证的意义和种类

(一) 会计凭证的意义

会计凭证是指记录经济业务,明确经济责任,作为记账依据的书面证明。填制和审核会计凭证,是进行会计核算,实行会计监督的一种专门方法。

一切会计记录都必须有真凭实据,这使会计资料具有客观性,是会计核算必须遵循的原则,也是会计核算区别于其他经济管理活动的一个重要特点。所以,填制和审核会计凭证是会计核算工作的起点。任何经济业务的发生,都必须由经办经济业务的有关人员填制或取得会计凭证,记录经济业务的日期、内容、数量和金额,并由有关人员在凭证上签名或盖章,对会计凭证的真实性和正确性负责。只有经过审核无误的会计凭证,才能作为登记账簿的依据。

填制和审核会计凭证,对完成会计工作任务,实现会计职能,提供真实可靠的会计信息等都具有十分重要的意义,归纳起来主要有以下四个方面内容。

1. 真实地记录经济业务

会计主体日常发生的每一项经济业务,如资金的取得与运用、生产过程中的各种耗费的发生和成本的形成、收入的取得、利润的形成和分配等,都需要按其发生的时间、地点、内容和完成情况,正确及时地填制会计凭证,记录经济业务的实际情况。记账必须以经过审核无误的会计凭证为依据,没有会计凭证,就不可能登记账簿,也不可能及时提供准确、可靠的会计信息。因此,正确填制与审核会计凭证,不仅具有核算和监督经济活动的作用,而且对保证会计资料真实可靠,提高会计工作质量具有重要的意义。

2. 有效地监督经济业务

会计主体发生的各项经济业务,在会计凭证中都如实地作了记录,经济业务是否真实、正确、合法、合规,都会反映在会计凭证中。记账前,会计人员必须对会计凭证进行严格的审核。通过审核会计凭证,可以检查各项经济业务是否符合国家的政策、法律、法规和制度,是否符合企业的计划和预算,是否给企业带来经济效益,有无铺张浪费、贪污盗窃等损害企业财产的行为发生,有无违法乱纪、损害公共利益的行为发生,以达到严肃财经纪律,发挥会计监督作用,加强经济管理,维护市场经济秩序,提高经济效益的目的。

3. 明确相关人员经济责任

由于每一项经济业务的发生,都要由经办人员填制或取得会计凭证,并由有关部门和人员在会计凭证上签名或盖章(简称签章),这样就可以促使经办部门和人员对经济业务的真实性、合法性负责,增强责任感;即使发生问题,也易于弄清情况,分清责任,作出正确的裁决。通过会计凭证的传递,将经办部门和人员联系在一起,他们可以互相促进、互相监督、互相牵制。

4. 正确地登记账簿

经济业务发生或完成时不仅要及时填制和审核会计凭证,以保证会计凭证的真实性、客观性和合法性,还要由有关人员签名或盖章,以明确经济责任,只有内容填制完整、手续齐备和审核无误的会计凭证,才能用来作为登记账簿的依据。任何一项经济业务如没有办理凭证手续,都不允许直接登记账簿,必须先编制成会计凭证,并经审核无误后才能据以登记账簿。

请思考:登记账簿的依据是什么?

(二)会计凭证的种类

会计凭证按其填制的程序和用途不同,可以分为原始凭证和记账凭证两种。

1. 原始凭证

原始凭证是指在经济业务发生或完成时取得或填制的,记录经济业务、明确经济责任、具有法律效力的书面证明。原始凭证是组织会计核算的原始资料,也是编制记账凭证(特殊的记账凭证除外)的依据。

原始凭证按其取得来源的不同,分为自制原始凭证和外来原始凭证。

1)自制原始凭证

自制原始凭证是指由本单位经办业务部门的有关人员在经济业务发生或完成时填制的原始凭证。自制原始凭证按其填制手续不同,分为一次凭证、累计凭证和汇总凭证。

第一,一次凭证。

一次凭证是指填制手续一次完成,一次只记录一项经济业务或同时记录若干项同类经济业务的原始凭证。自制原始凭证大部分是一次凭证,如收料单、领料单(如表 5-1 所示)、制造费用分配表等。

表 5-1 **领料单**

领料部门: 领料编号:

用途: 年 月 日 发料仓库:

材料编号	材料名称	材料规格	计量单位	数量		单价	金额
				请领	实发		

供应单位: 领料单位: 保管员: 领料人:

第二,累计凭证。

累计凭证是指在一定时期内连续记录若干项同类经济业务的原始凭证,如限额领料单。累计凭证的手续不是一次完成的,而是随着经济业务的陆续发生分次填写的,只有完成全部填制手续后,才能作为原始凭证编制记账凭证并据以登记入账。限额领料单的格式如表 5-2 所示。

从限额领料单中可以看出,企业对用料部门规定某种材料在一定时期(通常为 1 个月)内的领用限额。每次领料时,在限额领料单上逐笔登记,并随时结出限额结余,到月末时,结出本月实际耗用总量和限额结余,送交财务部门,作为会计核算的依据。这样不仅可以预先控制领料,而且可以减少凭证的数量,简化凭证填制的手续。

表 5-2

限额领料单

领料部门：　　　　　　　　　　　　　　　　　　　　　　　　　领料编号：

用途：　　　　　　　　　　　　年　月　日　　　　　　　　　　发料仓库：

材料类别	材料编号	材料名称	材料规格	计量单位	领用限额	实领总数量	计划单价	金额	备注
日期	请领		实发			退料			限额结余
	数量	领料单位签章	数量	收料人签章	发料人签章	数量	收料人签章	发料人签章	
合　计									

供应部门负责人：　　　　　　　　生产计划部门负责人：　　　　　　　　保管员：

第三，汇总凭证。

汇总凭证是指根据一定时期若干份记录同类经济业务的原始凭证，加以汇总编制而成的原始凭证。例如，将全月领料业务的领料单加以汇总后编制的发料凭证汇总表。发料凭证汇总表的格式如表 5-3 所示。

表 5-3

发料凭证汇总表

年　月　　　　　　　　　　　　单位：元

应借科目 / 金　额 / 应贷科目		生产成本	制造费用	管理费用	在建工程	合计
原材料	原材料和主要材料					
	辅助材料					
	修理用配件					
	燃料					
	合　计					
周转材料	低值易耗品					
	包装物					
	合　计					

汇总原始凭证只能将同类经济业务汇总在一张汇总凭证上，不能汇总两类或两类以上不同类型的经济业务。

2）外来原始凭证

外来原始凭证是指在同外单位或个人发生经济往来时，从单位外部取得的原始凭证。外来原始凭证一般都是一次凭证，如供应单位开出的增值税专用发票，银行开出的结算凭证，收款单位或个人开出的收据，出差人员取得的车票、船票、机票、住宿单、铁路托运单等。外来原始凭证必须盖有出具原始凭证单位的公章或财税机关的统一监制章才有效。增值税专用发票格式如表 5-4 所示。

表 5-4

2300163130　　××省增值税专用发票

№ 01783686

开票日期：20××年12月8日

购买方	名　　称：安发股份有限公司 纳税人识别号：912301039213682839 地址、　电话：××省××市纺织路88号82389061 开户行及账号：工行纺织路支行3500040109005689765				密码区	(略)	
货物或应税劳务、服务名称	规格型号	单位	数量	单价	金额	税率	税额
甲材料		千克	20 000	10.20	204 000.00	13%	26 520.00
乙材料		千克	10 000	6.20	62 000.00	13%	8 060.00
合　　计					¥266 000.00		¥34 580.00
价税合计（大写）	⊗叁拾万零伍佰捌拾元整					（小写）	¥300 580.00
销售方	名　　称：东轻股份有限公司 纳税人识别号：912301037936333287 地址、　电话：××省××市淮河路88号23258790 开户行及账号：工行××省淮河支行047122468206432				备注	东轻股份有限公司 912301037936333287 发票专用	

第三联：发票联　购货方记账凭证

收款人：　　　　复核：　　　　开票人：　　　　销售方：（章）

2. 记账凭证

记账凭证是指由会计人员根据审核无误的原始凭证或原始凭证汇总表填制的，确定经济业务应借、应贷会计科目名称和金额，作为登记账簿依据的会计凭证。

有些经济业务，如错账更正，期末结账前有关账项调整结转、转销等无法取得原始凭证的，可以由会计人员根据账簿记录提供的数据直接编制记账凭证。

原始凭证来自不同的单位，种类繁多，数量庞大，格式和内容不统一，而且原始凭证只是记录经济业务的实际情况，并未反映应使用的会计科目和记账方向，直接根据原始凭证记账容易发生差错。因此，在记账前，应认真审核原始凭证，并根据审核无误的原始凭证，按照记账规则，确定应借、应贷会计科目名称和金额，填制记账凭证，并据以记账。原始凭证作为记账凭证的附件粘贴在记账凭证之后，这样不仅可以简化记账工作，减少差错，而且便于对账和查账，提高记账工作的质量。

记账凭证按其记录的经济内容与货币资金是否有关，分为收款凭证、付款凭证和转账凭证。

1）收款凭证

收款凭证是用来记录现金和银行存款等货币资金收入业务的凭证。收款凭证的格式如表 5-5 所示。

表 5-5

收款凭证

字第　　号

借方科目：　　　　　　　　年　月　日

摘要	贷方科目		金额											√
	总账科目	明细科目	亿	千	百	十	万	千	百	十	元	角	分	
合计														

附单据　张

会计主管：　记账：　出纳：　复核：　制单：

2）付款凭证

付款凭证是用来记录现金和银行存款等货币资金支付业务的凭证。它是根据现金和银行存款付款业务的原始凭证填制的。付款凭证的格式如表 5-6 所示。

表 5-6

付款凭证

字第　　号

贷方科目：　　　　　　　　年　月　日

摘要	借方科目		金额											√
	总账科目	明细科目	亿	千	百	十	万	千	百	十	元	角	分	
合计														

附单据　张

会计主管：　记账：　出纳：　复核：　制单：

3）转账凭证

转账凭证是用来记录与现金、银行存款等货币资金收付无关的转账业务的凭证。它是根据有关转账业务的原始凭证填制的。转账凭证的格式如表 5-7 所示。

表 5-7

转账凭证

字第　　号

年　月　日

摘要	科目		借方金额											贷方金额											√
	总账科目	明细科目	亿	千	百	十	万	千	百	十	元	角	分	亿	千	百	十	万	千	百	十	元	角	分	

附单据　张

会计主管：　　记账：　　复核：　　制单：

在实际工作中，对经济业务数量少的企业和行政事业单位，为了简单，可以不分收款、付款和转账业务，统一使用同一种格式的记账凭证来记录和反映所发生的各项经济业务，这种记账凭证称为通用记账凭证。通用记账凭证的格式如表 5-8 所示。

表 5-8

记账凭证

字第　　号

年　月　日

摘要	科目		借方金额											贷方金额											√
	总账科目	明细科目	亿	千	百	十	万	千	百	十	元	角	分	亿	千	百	十	万	千	百	十	元	角	分	
合计																									

附单据　张

会计主管：　　记账：　　出纳：　　复核：　　制单：

原始凭证和记账凭证之间存在着密切的联系。原始凭证是编制记账凭证的依据，是记账凭证的附件；记账凭证是对原始凭证的内容进行整理编制而成的，是对原始凭证内容的概括和说明。当某些账户所属明细账户较多时，原始凭证是登记明细账户的依据，两者关系密切，不可分割。

请思考：会计凭证按填制的程序和用途，分为哪些凭证？

二、原始凭证的基本内容、填制和审核

（一）原始凭证的基本内容

由于经济业务是多种多样的，因此用来记录经济业务的原始凭证也是多种多样的。虽

然原始凭证的名称、格式和反映的具体内容不同，但无论哪一种原始凭证，都应该说明经济业务的执行和完成情况，都必须明确经办业务部门、人员及有关单位的经济责任，都应该具备以下基本内容：

(1) 凭证的名称。

(2) 填制凭证的日期。

(3) 填制凭证的单位名称和填制人姓名。

(4) 经办人员的签名或盖章。

(5) 接受凭证的单位名称。

(6) 经济业务内容。

(7) 数量、单价和金额。

(二) 原始凭证的填制

原始凭证是经济业务发生的原始证明，是具有法律效力的证明文件，因此原始凭证的填制，必须符合一定的规范。其要求如下所述。

1. 记录真实

原始凭证所填列经济业务的内容和数字，必须真实可靠，符合实际情况。

2. 内容完整

原始凭证的各项目，必须填写齐全，不能遗漏和简略。原始凭证中的年、月、日要按照填制原始凭证的实际日期填写；名称要齐全，不能简化；品名或用途要填写明确，不能含糊不清；有关人员的签名或盖章必须齐全。

3. 手续完备

单位自制的原始凭证必须有经办单位相关负责人的签名或盖章；对外开出的原始凭证必须加盖本单位公章或者财务专用章；从外部取得的原始凭证，必须盖有填制单位的公章或者财务专用章；从个人取得的原始凭证，必须有填制人员的签名或盖章。

4. 书写清楚、规范

原始凭证要按规定填写，文字要简明，字迹要清楚，易于辨认，不得使用未经国务院公布的简化汉字。大小写金额必须符合填写规范，小写金额用阿拉伯数字逐个书写，不得写连笔字。在金额前要填写人民币符号“¥”，且与阿拉伯数字之间不得留有空白。金额数字一律填写到角、分，无角无分的，写“00”或符号“—”；有角无分的，分位写“0”，不得用符号“—”代替。汉字大写数字金额，如壹、贰、叁、肆、伍、陆、柒、捌、玖、拾、佰、仟、万、亿、元、角、分、零、整等，一律用正楷或行书体书写。大写金额前未印有“人民币”字样的，应加写“人民币”三个字且和大写金额之间不得留有空白。大写金额到元或角为止的，后面要写“整”或“正”字；有分的，不写“整”或“正”字，如小写金额为¥2 008.00，大写金额应写成“贰仟零捌元整”。

5. 编号连续

各种凭证要连续编号，以便检查。如果凭证已预先印定编号，如发票、支票等重要凭证，在作废时，应加盖“作废”戳记，妥善保管，不得撕毁。

6. 不得涂改、刮擦、挖补

原始凭证金额有错误的，应当由出具单位重开，不得在原始凭证上更正。原始凭证有其他错误的，应当由出具单位重开或更正，更正处应当加盖出具单位印章。

7. 填制及时

各种原始凭证一定要及时填写，并按规定的程序送交会计机构审核。

(三) 原始凭证的审核

为了保证原始凭证的合法性和真实性，会计人员必须对原始凭证进行严格的审查和核对。审核原始凭证不仅是正确组织会计核算和进行会计检查的重要方面，也是实行会计监督的重要手段。可以说，原始凭证的审核是实行会计监督的第一道关口，只有经过审核合格的原始凭证，才能作为编制记账凭证和登记账簿的依据。

审核原始凭证，主要从以下四个方面入手。

1. 真实性审核

真实性审核包括审核凭证日期是否真实、业务内容是否真实、数据是否真实等。对外来原始凭证，必须有填制单位公章或财务专用章和填制人员签名或盖章；对自制原始凭证，必须有经办部门和经办人员的签名或盖章。此外，对通用原始凭证，还应审核凭证本身的真实性，以防做假。

2. 合理性、合法性审核

合理性、合法性审核包括审核原始凭证所记录经济业务是否符合国家法律、法规，是否履行了规定的凭证传递和审核程序；审核原始凭证所记录经济业务是否符合企业经济活动的需要，是否符合有关的计划和预算等。

3. 完整性审核

完整性审核包括审核原始凭证各项基本要素是否填写齐全，是否有漏项情况，日期是否完整，数字是否清晰，文字是否工整，有关人员签名或盖章是否齐全，凭证联次是否正确等。

4. 正确性审核

审核原始凭证记载的各项内容是否正确具体包括：

(1) 接受原始凭证的单位名称是否正确。

(2) 金额的填写和计算是否正确。阿拉伯数字分位填写，不得连写。小写金额前要标明“¥”字样，中间不能留有空位。大写金额前要加“人民币”字样，大写金额与小写金额要相符。

(3) 更正是否正确。原始凭证记载的各项内容均不得涂改。原始凭证金额有错误的，应当由出具单位重开，不得在原始凭证上更正；原始凭证有其他错误的，应当由出具单位重开或者更正，更正处应当加盖出具单位公章或财务专用章。

三、记账凭证的基本内容、填制和审核

(一) 记账凭证的基本内容

由于记账凭证所反映的经济业务内容不同，因此在具体格式上也有一些差异。但所有的记账凭证都必须满足记账的要求，都应该具备以下基本内容：

(1) 填制凭证的日期。

(2) 凭证编号。

(3) 经济业务摘要。

(4) 会计科目。

(5) 金额。

(6) 所附原始凭证张数。

(7) 填制凭证人员、稽核人员、记账人员、机构负责人、会计主管签名或盖章。此外，收款和付款凭证还需有出纳人员的签名或盖章。

（二）记账凭证的填制

记账凭证的填制除要做到内容完整、书写清楚和规范外，还必须符合下列要求：

（1）除结账和更正错账可以不附原始凭证外，其他记账凭证必须附原始凭证。

（2）记账凭证可根据每一张原始凭证填制，或根据若干张同类原始凭证汇总填制，也可根据原始凭证汇总表填制，但不得将不同内容和类别的原始凭证汇总填制在一张记账凭证上。

（3）记账凭证应连续编号。凭证应由主管该项业务的会计人员，按业务发生的顺序并按不同种类的记账凭证采用"字号编号法"连续编号，如银收字1号、现收字2号、现付字1号、银付字2号。如果一项经济业务需要填制两张以上（含两张）记账凭证的，可以采用"分数编号法"编号，如转字$4\frac{1}{3}$号、转字$4\frac{2}{3}$号、转字$4\frac{3}{3}$号。为便于监督，反映付款业务的会计凭证不得由出纳人员编号。

（4）填制记账凭证时若发生错误，应当重新填制。已经登记入账的记账凭证在当年内发现填写错误时，可以用红字填写一张与原内容相同的记账凭证，在摘要栏注明"注销某月某日某号凭证"字样，同时再用蓝字重新填制一张正确的记账凭证，注明"订正某月某日某号凭证"字样。如果会计科目没有错误，只是金额错误，也可以将正确数字与错误数字之间的差额另编一张调整的记账凭证，调增金额用蓝字，调减金额用红字。发现以前年度记账凭证有错误的，应当用蓝字填制一张更正的记账凭证。

（5）记账凭证填制完成后，如有空行，应当自金额栏最后一笔金额数字下的空行处至合计数上的空行处划线注销。

请思考：记账凭证填制有哪些要求？

（三）记账凭证的审核

为了保证会计信息的质量，在记账之前应由有关稽核人员对记账凭证进行严格的审核，审核的内容主要包括：记账凭证是否有原始凭证依据；所附原始凭证或记账凭证汇总表的内容与记账凭证的内容是否一致；记账凭证各项目的填写是否齐全，如日期、凭证编号、摘要、会计科目、金额、所附原始凭证张数及有关人员签名或盖章等；记账凭证的应借、应贷账户及对应关系是否正确；记账凭证所记录的金额与原始凭证的有关金额是否一致，计算是否正确；记账凭证中的记录是否文字工整、数字清晰，是否按规定进行更正等；出纳人员在办理收款或付款业务后，是否已在原始凭证上加盖"收讫"或"付讫"的戳记。

请思考：原始凭证与记账凭证是什么关系？

四、会计凭证的传递和保管

（一）会计凭证的传递

会计凭证的传递是指会计凭证从填制或取得起，经过审核、记账、装订到归档为止，在有关部门和人员之间按规定的时间、路线办理业务手续和进行处理的过程。

正确、合理地组织会计凭证的传递，有利于有关部门和人员及时了解经济业务的活动情况，加速对经济业务的处理；同时，有利于加强各有关部门的经济责任，也有利于实现会计监督，以充分发挥会计的监督作用。

由于企业生产经营的组织不同，经济业务的内容不同，企业管理的要求也不尽相同。会计凭证的传递应根据具体情况，确定每一种凭证的传递程序和方法，作为业务部门和会计部门处理会计凭证的工作规范。

会计凭证的传递应规定合理的传递程序、传递时间和传递过程中的衔接手续。

各单位应根据经济业务的特点、机构设置和人员分工情况，明确会计凭证填制的联数和传递程序。既要保证会计凭证经过必要的环节进行处理和审核，又要避免会计凭证在不必要的环节停留，应使有关部门和人员及时了解情况、掌握资料，按规定手续进行工作。

关于凭证的传递时间，应考虑各部门和有关人员的工作内容和工作量在正常情况下完成的时间。明确规定各种凭证在各个环节上停留的最长时间，不能拖延和积压会计凭证，以免影响会计工作的正常秩序。一切会计凭证的传递和处理，都应在报告期内完成，不允许跨期；否则，将影响会计核算的准确性和及时性。

会计凭证传递过程中的衔接手续，应该做到既完备严密又简便易行。凭证的收发、交接都应按一定的手续办理，以保证会计凭证的安全和完整。

会计凭证的传递程序、传递时间和传递过程中的衔接手续明确后，可制成凭证流转图，制定凭证传递程序，规定凭证传递的路线、环节，在各环节上的时间、处理内容和交接手续，使凭证传递工作有条不紊、迅速有效地进行。

（二）会计凭证的保管

会计凭证的保管是指会计凭证记账后的整理、装订、归档和存查工作。会计凭证作为记账的依据，是重要的会计档案和经济资料。任何单位在完成经济业务手续和记账后，必须将会计凭证按规定的立卷归档制度形成会计档案资料，妥善保管，防止丢失，不得任意销毁，以便日后随时查阅。

会计凭证的保管要求包括以下几个方面：

(1) 会计凭证应定期装订成册，防止散失。会计部门在依据会计凭证记账以后，应定期(每天、每旬或每月)对各种会计凭证进行分类整理，将各种记账凭证按照编号顺序，连同所附的原始凭证一起加具封面和封底，装订成册，并在装订线上加贴封签。会计凭证封面应注明单位名称、凭证种类、凭证张数、起止号数、年度、月份、会计主管人员和装订人员等有关事项，会计主管人员和保管人员等应在封面上签名或盖章。

从外单位取得的原始凭证遗失时，应取得原签发单位盖有公章的证明，并注明原始凭证的号码、金额、内容等，由经办单位会计机构负责人、会计主管人员和单位负责人批准后，才能代作原始凭证。若确实无法取得证明的，如车票丢失，则应由当事人写明详细情况，由经办单位会计机构负责人、会计主管人员和单位负责人批准后，代作原始凭证。

(2) 会计凭证应加贴封条，防止抽换凭证。原始凭证不得外借，其他单位如有特殊原因确实需要使用时，经本单位会计机构负责人、会计主管人员批准，可以复制。向外单位提供的原始凭证复制件，应在专设的登记簿上登记，并由提供人员和收取人员共同签名或盖章。

(3) 原始凭证较多时，可单独装订，但应在凭证封面注明所属记账凭证的日期、编号和种类，同时在所属的记账凭证上注明“附件另订”及原始凭证的名称和编号，以便查阅。对各种重要的原始凭证，如押金收据、提货单等，以及各种需要随时查阅和退回的单据，应另编目录，单独保管，并在有关的记账凭证和原始凭证上分别注明日期和编号。

(4) 每年装订成册的会计凭证，在年度终了时可暂由单位会计机构保管 1 年，期满后应当移交本单位档案机构统一保管；未设立档案机构的，应当在会计机构内部指定专人保管。出纳人员不得兼管会计档案。

(5) 严格遵守会计凭证的保管期限要求,期满前不得任意销毁。

注:在"学习情境4"远东有限责任公司20××年11月份发生的经济业务及期末余额的基础上,仍以该公司20××年12月份发生的经济业务为例,在本学习情境后续的学习子情境里说明会计凭证的填制与审核。

请思考: 装订成册的会计凭证是会计档案吗?

学习子情境2 核算筹集资金业务

一、筹集资金业务的核算内容

企业为了进行生产经营活动,必须拥有一定数量的资金,作为生产经营活动的物质基础。企业筹集资金的渠道是指企业取得资金的方式。目前,我国企业的资金来源渠道主要是投资者投入和向银行等金融机构筹借以及发行债券等。因此,投资者投入和向银行借入是企业资金筹集的主要渠道。

二、核算筹集资金业务设置的账户

1. "实收资市"账户

实收资本是指企业实际收到的投资者投入的资本。它是企业所有者权益中的主要部分。"实收资本"账户用来核算按照企业章程或合同、协议的约定,投资者投入企业的法定资本(股份公司为"股本")。该账户是所有者权益类账户,其贷方登记企业实际收到的投资者投入的资本数;借方登记企业按法定程序报经批准减少的注册资本数;期末余额在贷方,表示企业实际拥有的资本(或股本)数额。该账户应按投资者设置明细账,进行明细分类核算。

2. "固定资产"账户

"固定资产"账户用来核算企业持有的固定资产的原始价值。该账户是资产类账户,其借方登记企业增加的固定资产的原始价值;贷方登记减少的固定资产的原始价值;期末余额在借方,表示企业实际持有的固定资产的原始价值。该账户应按固定资产的类别和项目设置明细账,进行明细分类核算。

3. "无形资产"账户

"无形资产"账户用来核算企业持有的无形资产成本,包括专利权、非专利技术、商标权、著作权、土地使用权等。该账户借方登记取得无形资产的实际成本;贷方登记减少无形资产的实际成本;期末余额在借方,表示企业实际持有的无形资产的成本。该账户应按无形资产的项目设置明细账,进行明细分类核算。

4. "短期借款"账户

"短期借款"账户用来核算企业向银行或其他金融机构等借入的期限在1年以内(含1年)的各种借款。该账户是负债类账户,其贷方登记企业借入的各种短期借款数额;借方登记归还的借款数额;期末余额在贷方,表示期末尚未归还的短期借款的本金。该账户应按借款种类、贷款人和币种设置明细账,进行明细分类核算。

5. "长期借款"账户

"长期借款"账户用来核算企业向银行或其他金融机构借入的期限在1年以上(不含1

年)的各种借款。该账户是负债类账户,其贷方登记企业借入的各种长期借款数(包括本金和利息);借方登记各种长期借款归还数(包括本金和利息);期末余额在贷方,表示企业尚未归还的长期借款的本金和利息数。该账户应按贷款单位和贷款种类设置明细账,进行明细分类核算。

筹集资金业务的账务处理程序如图 5-1 所示。

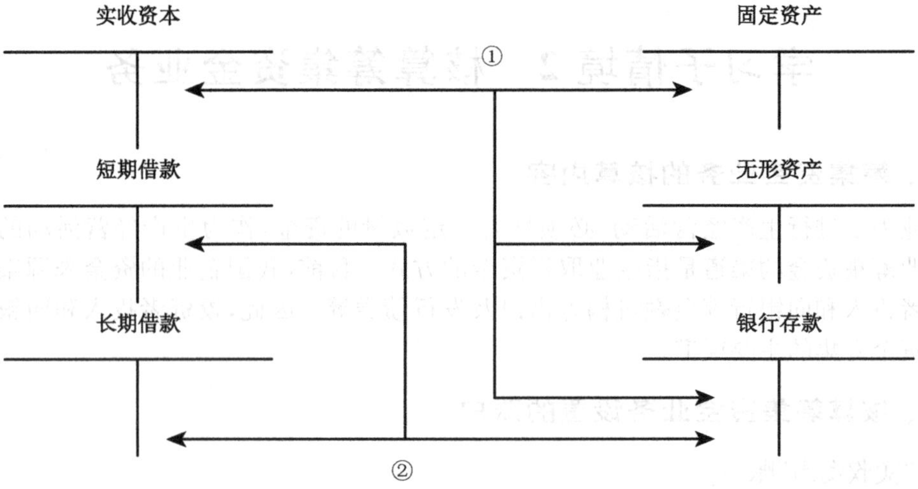

图 5-1 筹集资金业务的账务处理程序

说明:
① 收到投资人投入固定资产、无形资产、货币资金等。
② 向银行或其他金融机构借入短期借款、长期借款等。

三、典型工作任务举例

远东有限责任公司 20××年 12 月份发生的经济业务如下。

【任务 5-1】 12 月 1 日,收到银行收账通知,滨州机电设备有限公司投资款 1 000 000 元已收妥入账。投资协议如下:

投资协议(摘录)

投资单位:滨州机电设备有限公司

被投资单位:远东有限责任公司

……

第三,滨州机电设备有限公司向远东有限责任公司投资 1 200 000 元,其中人民币 1 000 000 元、机器设备 120 000 元、专利权一项 80 000 元。

第四,滨州机电设备有限公司投资后占远东有限责任公司注册资本 40%的份额。

第五,滨州机电设备有限公司必须在 20××年 12 月 31 日前向远东有限责任公司出资。

……

银行进账单和填制的收据如表 5-9 和表 5-10 所示。

表 5-9

ICBC 中国工商银行　　进账单（收账通知）3

20××年 12 月 1 日

出票人	全　称	滨州机电设备有限公司	收款人	全　称	远东有限责任公司
	账　号	037201040109561		账　号	3500040109002325768
	开户银行	工行中山路支行		开户银行	工行松江支行
金额	人民币（大写）	壹佰万元整		亿 千 百 十 万 千 百 十 元 角 分	¥ 1 0 0 0 0 0 0 0 0
票据种类	转账支票	票据张数	壹张	开户银行盖章	
票据号码				[中国工商银行 ××省松江支行 20××. 12. 1 转讫]	
复核　　记账					

此联是收款人开户银行交给收款人的收账通知

表 5-10

收　据

20××年 12 月 1 日

No. 0006767

今收到	滨州机电设备有限公司
交来	投资款
人民币（大写）	壹佰万元整　　¥1 000 000.00
收款单位（公章）	远东有限责任公司　收款人　李萍　交款人　杨倩

[远东有限责任公司 财务专用章]

第二联：存根

根据上述原始凭证进行分析，该项经济业务使银行存款增加了 1 000 000 元，应借记“银行存款”账户；使投资者投入的资本增加了 1 000 000 元，应贷记“实收资本”账户。因此，该项经济业务应作如下会计分录：

借：银行存款　　1 000 000

　贷：实收资本——滨州机电设备有限公司　　1 000 000

根据上述分析结果以及投资协议书（副本）、银行进账单和收据，填制记账凭证如表 5-11 所示（注：本学习情境收款、付款和转账业务统一采用通用记账凭证，并统一编号）。

表 5-11

记账凭证

记字第 1 号

20××年 12 月 1 日

摘要	科目		借方金额	贷方金额	√
	总账科目	明细科目	亿千百十万千百十元角分	亿千百十万千百十元角分	
收到滨州机电设备有限公司投资款	银行存款		100000000		
	实收资本	滨州机电设备有限公司		100000000	
合计			¥100000000	¥100000000	

附单据叁张

会计主管：　记账：　出纳：　复核：　制单：李萍

【任务 5-2】 12 月 1 日，收到滨州机电设备有限公司按投资协议投入的新设备一台，价值 120 000 元；专利技术一项，作价 80 000 元。其资产评估报告表、产权转移单、固定资产验收单如表 5-12 至表 5-14 所示(其余原始凭证略)。

表 5-12

资产评估报告表

20××年 12 月 1 日　单位:元

资产名称及规格型号	产地	计量单位	数量	评估价值				差异		备注
				重置价值	折旧年限	折旧额	净值	净值增减额	净值增减率	
B－6 刨床	长春	台	1	120 000			120 000			全新

表 5-13

产权转移单

滨州机电设备有限公司将价值 120 000 元的全新 B—6 刨床以投资形式转让给远东有限责任公司，从即日起，该刨床的所有权由滨州机电设备有限公司转移给远东有限责任公司。

……

投资方	接受投资方
单位名称(章)：滨州机电设备有限公司	单位名称(章)：远东有限责任公司
法人代表：张扬	法人代表：李桂红
委托代理人：	委托代理人：
电话：46963208	电话：84696123
开户银行：工行中山路支行	开户银行：工行松江支行
账号：037201040109561	账号：3500040109002325768

表 5-14

固定资产验收单

单位：元

20××年 12 月 1 日　　　　编号：003

固定资产名称	规格及型号	单位	数量	预计使用年限	尚可使用年限	投出单位账面价值			评估净值	备注
						原值	已提折旧	净值		
刨床	B-6	台	1	10	10	120 000	0	120 000	120 000	全新
滨州机电设备有限公司										

设备科：　　　　负责人：刘丹　　　　经办人：金鑫

该项经济业务使固定资产和无形资产分别增加 120 000 元和 80 000 元，应借记“固定资产”“无形资产”账户；使实收资本增加 200 000 元，应贷记“实收资本”账户。因此，该项经济业务应作如下会计分录：

借：固定资产——刨床　　120 000
　　无形资产——专利技术　　80 000
　贷：实收资本——滨州机电设备有限公司　　200 000

根据上述分析结果和相关单据，填制记账凭证如表 5-15 所示。

表 5-15

记 账 凭 证

记字第 2 号

20××年 12 月 1 日

摘　要	科	目	借	方	金	额								贷	方	金	额								√
	总账科目	明细科目	亿	千	百	十	万	千	百	十	元	角	分	亿	千	百	十	万	千	百	十	元	角	分	
滨州公司投资	固定资产	刨床				1	2	0	0	0	0	0	0												
	无形资产	专利权					8	0	0	0	0	0	0												
	实收资本	滨州机电设备有限公司															2	0	0	0	0	0	0	0	
合　　计					¥	2	0	0	0	0	0	0	0			¥	2	0	0	0	0	0	0	0	

附单据叁张

会计主管：　　记账：　　出纳：　　复核：　　制单：李萍

【任务 5-3】 12 月 1 日，企业向银行申请取得短期流动资金贷款 300 000 元存入银行，该借款到期一次还本付息，利息按月预提，还款期为下一年 3 月 1 日。借款借据如表 5-16 所示。

表 5-16

中国工商银行借款借据（收账通知）⑤

20××年12月1日

<table>
<tr><td>借款人</td><td colspan="2">远东有限责任公司</td><td>账号</td><td colspan="10">3500040109002325768</td></tr>
<tr><td rowspan="2">贷款金额</td><td colspan="2" rowspan="2">人民币（大写）叁拾万元整</td><td></td><td>千</td><td>百</td><td>十</td><td>万</td><td>千</td><td>百</td><td>十</td><td>元</td><td>角</td><td>分</td></tr>
<tr><td></td><td></td><td>¥</td><td>3</td><td>0</td><td>0</td><td>0</td><td>0</td><td>0</td><td>0</td></tr>
<tr><td rowspan="2">用途</td><td rowspan="2">流动资金周转借款</td><td>期限</td><td>约定还款日期</td><td colspan="10">于20××年3月1日到期</td></tr>
<tr><td>3个月</td><td>贷款利率</td><td colspan="3">8%（年）</td><td colspan="2">借款合同号码</td><td colspan="5">（略）</td></tr>
<tr><td colspan="14">上列借款已批准发放，转入你单位存款账户。
中国工商银行 ××省松江支行 20××.12.1 转讫
复核　　　　　　　　记账</td></tr>
</table>

该项经济业务使银行存款增加300 000元，应借记“银行存款”账户；使短期借款增加300 000元，应贷记“短期借款”账户。因此，该项经济业务应作如下会计分录：

借：银行存款　　300 000
　贷：短期借款　　300 000

根据上述分析结果和借款借据，填制记账凭证如表5-17所示。

表 5-17

记账凭证

记字第3号

20××年12月1日

摘要	总账科目	明细科目	借方金额（亿千百十万千百十元角分）	贷方金额（亿千百十万千百十元角分）	√
向银行借款	银行存款		30000000		
	短期借款	流动资金借款		30000000	
合计			¥30000000	¥30000000	

附单据壹张

会计主管：　　记账：　　出纳：　　复核：　　制单：李萍

学习子情境3　核算供应过程业务

一、供应过程业务的核算内容

供应过程是生产的准备阶段。在这个过程中，企业一方面要从供应单位购进各种材料物资，形成生产储备；另一方面要支付材料物资的买价和各种采购费用，与供应单位发生结算。因此，核算、监督材料的买价和采购费用，确定材料采购成本，考核有关采购计划的执行情况，核算、监督与供应单位的货款结算和材料储备资金的占用，就构成了核算供应过程业务的主要内容。

二、计算材料采购成本

材料采购成本的计算公式如下：

$$材料采购成本=买价+采购费用$$

1. 买价

买价是指供应单位开具的发票价格。

2. 采购费用

(1) 运杂费。运杂费包括运输费、装卸费、保险费、包装费和仓储费等。

(2) 运输途中发生的合理损耗。这是指企业与供应或运输部门所签订的合同中规定的各类损耗或必要的自然损耗。

(3) 入库前的挑选整理费用。这是指购入的材料在入库前需要挑选整理而发生的费用，包括挑选过程中所发生的工资、费用支出和必要的损耗，但要扣除下脚料的价值。

(4) 购入材料负担的税金(如关税)和其他费用等。

如果一次购买两种及两种以上材料，发生的采购费用需要在所购入的材料之间进行分配，分配方法如下：

$$采购费用分配率=\frac{共同发生的采购费用}{各种材料重量(体积或买价)之和}$$

$$某种材料应负担的采购费用=某种材料重量(体积或买价)\times 采购费用分配率$$

请思考：材料采购成本由哪些内容构成？

三、核算供应过程业务设置的账户

1. “原材料”账户

“原材料”账户用来核算企业库存各种材料的增减变动及其结存情况。该账户是资产类账户，其借方登记已验收入库材料的实际成本；贷方登记发出材料的实际成本；期末余额在借方，表示库存各种材料的实际成本。“原材料”账户应按材料的类别、品种及规格设置明细账，进行明细分类核算。

2. “在途物资”账户

“在途物资”账户用来核算企业已经付款但尚未到达企业，或虽已运抵企业但尚未验收入库的外购材料的实际采购成本。该账户属于资产类账户，其借方登记外购材料成本的增加数；贷方登记到货验收后转入“原材料”账户的采购成本数；期末余额在借方，表示在途物资的实际成本。“在途物资”账户应按材料品种设置明细账，进行明细分类核算。

3. “应付账款”账户

“应付账款”账户用来核算企业因购买材料、商品或接受劳务供应等应付给供应单位的款项。该账户是负债类账户，其贷方登记因购买材料、商品或接受劳务供应等发生的应付未付的款项；借方登记已经支付或已开出承兑商业汇票抵付的应付款项；期末贷方余额，表示尚未偿还的款项。“应付账款”账户应按供应单位（债权人）设置明细账，进行明细分类核算。

4. “应交税费”账户

“应交税费”账户用来核算企业应交的各种税费，如增值税、消费税、城市维护建设税、所得税等。该账户是负债类账户，其贷方登记按规定计算的各种应交的税费和增值税销项税额；借方登记已交纳的各种税费和增值税进项税额；期末贷方余额为未交的税费，借方余额为多交的税费。该账户应按税费的种类设置明细账，进行明细分类核算。其中，“应交税费——应交增值税”账户是用来核算和监督企业应交和实交增值税结算情况的账户，企业购买材料物资时交纳的增值税进项税额记入该账户的借方，企业销售产品时向购买单位代收的增值税销项税额记入该账户的贷方。

供应过程的账务处理程序如图 5-2 所示。

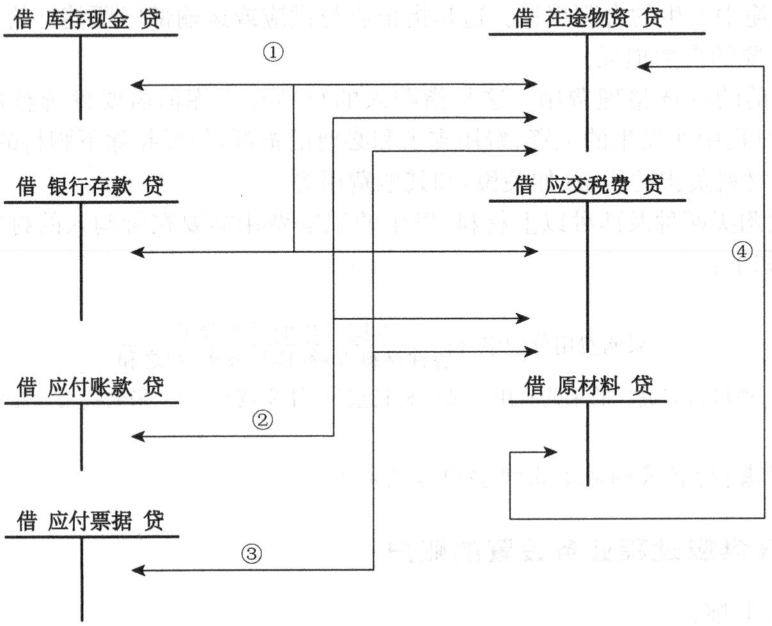

图 5-2　供应过程的账务处理程序

说明：
① 购入材料，支付材料货款、增值税进项税额及采购费用。
② 购入材料，应付材料货款及增值税进项税额。
③ 购入材料，以应付票据结算材料货款及增值税进项税额。
④ 结转材料采购成本。

四、典型工作任务举例

【任务 5-4】 12 月 3 日，远东有限责任公司收到银行转来的结算凭证，承付购料款，材料尚未到达企业。该公司采用实际成本法核算原材料。有关原始凭证如表 5-18 至表 5-22 所示。

表 5-18

中国工商银行托收凭证（付款通知） 5

委托日期：20××年12月1日

业务类型	委托收款（□邮划、□电划） 托收承付（□邮划、☑电划）					
付款人	全称	远东有限责任公司	收款人	全称	东轻股份有限公司	
	账号	3500040109002325768		账号	047122468206432	
	地址	××省××市 开户行 工行松江支行		地址	××省××市 开户行 工行淮河支行	
金额	人民币（大写）伍拾肆万壹仟柒佰伍拾贰元整			亿千百十万千百十元角分	¥ 5 4 1 7 5 2 0 0	
款项内容	货款	托收凭据名称	增值税发票联、抵扣联、运费发票	附寄单证张数	4	
商品发运情况	已发运			合同名称号码		
备注： 复核 记账	上列款项已划回收入方账户。 中国工商银行 ××省松江支行 20××. 12. 1 转讫 付款人开户银行签章			付款人注意： 1.应于见票当日通知开户银行划款。 2.如需拒付，应在规定期限内，将拒付理由书并附债务证明退交开户银行。		

此联付款人开户银行给付款人按期付款通知

表 5-19

2300163130

××省增值税专用发票

（全国统一发票监制章 ××省 国家税务总局监制）

№ 01783699

开票日期：20××年12月1日

购买方	名称：远东有限责任公司 纳税人识别号：912301036828392136 地址、电话：××省××市松江路36号84696123 开户行及账号：工行松江支行 3500040109002325768			密码区	(略)		
货物或应税劳务、服务名称	规格型号	单位	数量	单价	金额	税率	税额
A 材料		千克	17 000	19.40	329 800.00	13%	42 874.00
B 材料		千克	10 000	13.40	134 000.00	13%	17 420.00
合计					¥463 800.00		¥60 294.00
价税合计（大写）	⊗伍拾贰万肆仟零玖拾肆元整				（小写）¥524 094.00		
销售方	名称：东轻股份有限公司 纳税人识别号：912301037936333287 地址、电话：××省××市淮河路88号 23258790 开户行及账号：工行××省淮河支行 047122468206432			备注	东轻股份有限公司 912301037936333287 发票专用		

收款人： 复核： 开票人： 销售方：（章）

第三联：发票联 购货方记账凭证

表 5-20

2300163130　　××省增值税专用发票

全国统一发票监制章 ××省 国家税务总局监制

抵扣联

№ 01783699

开票日期：20××年 12 月 1 日

购买方	名　　称：远东有限责任公司 纳税人识别号：912301036828392136 地 址、电 话：××省××市松江路 36 号 84696123 开户行及账号：工行松江支行 350004010900232576 8				密码区	(略)		
货物或应税劳务、服务名称	规格型号	单 位	数 量	单 价	金 额	税 率	税 额	
A 材料		千克	17 000	19.40	329 800.00	13%	42 874.00	
B 材料		千克	10 000	13.40	134 000.00	13%	17 420.00	
合　　计					¥463 800.00		¥60 294.00	
价税合计（大写）	⊗伍拾贰万肆仟零玖拾肆元整					（小写） ¥524 094.00		
销售方	名　　称：东轻股份有限公司 纳税人识别号：912301037936333287 地 址、电 话：××省××市淮河路 88 号 23258790 开户行及账号：工行××省淮河支行 047122468206432				备注	东轻股份有限公司 912301037936333287 发票专用		

第二联：抵扣联　购货方抵扣凭证

收款人：　　复核：　　开票人：　　销售方：（章）

表 5-21

2300163130　　××省增值税专用发票

全国统一发票监制章 ××省 国家税务总局监制

发票联

№ 01746230

开票日期：20××年 12 月 1 日

购买方	名　　称：远东有限责任公司 纳税人识别号：912301036828392136 地 址、电 话：××省××市松江路 36 号 84696123 开户行及账号：工行松江支行 350004010900232576 8				密码区	(略)		
货物或应税劳务、服务名称	规格型号	单 位	数 量	单 价	金 额	税 率	税 额	
*陆路运输服务*运费		千克	27 000	0.60	16 200.00	9%	1 458.00	
合　　计					¥16 200.00		¥1 458.00	
价税合计（大写）	⊗壹万柒仟陆佰伍拾捌元整					（小写） ¥17 658.00		
销售方	名　　称：易达运输有限责任公司 纳税人识别号：912301033816238285 地 址、电 话：××省××市××路××号 88649786 开户行及账号：工行××省珠江支行 047122764853159				备注	易达运输有限责任公司 912301033816238285 发票专用		

第三联：发票联　购货方记账凭证

收款人：　　复核：　　开票人：　　销售方：（章）

表 5-22

2300163130　　××省增值税专用发票　　№ 01746230

（全国统一发票监制章 ××省 国家税务总局监制）

抵扣联　　开票日期：20××年 12 月 1 日

购买方	名　　称：远东有限责任公司 纳税人识别号：912301036828392136 地 址、电 话：××省××市松江路 36 号 84696123 开户行及账号：工行松江支行 3500040109002325768				密码区	（略）		
货物或应税劳务、服务名称	规格型号	单 位	数 量	单 价	金　额	税 率	税　额	
*陆路运输服务*运费		千克	27 000	0.60	16 200.00	9%	1 458.00	
合　计					¥16 200.00		¥1 458.00	
价税合计（大写）	⊗壹万柒仟陆佰伍拾捌元整				（小写） ¥17 658.00			
销售方	名　　称：易达运输有限责任公司 纳税人识别号：912301033816238285 地 址、电 话：××省××市××路××号 88649786 开户行及账号：工行××省××支行 047122764853159				备注	（易达运输有限责任公司 912301033816238285 发票专用）		

第二联：抵扣联　购货方抵扣凭证

收款人：　　　复核：　　　开票人：　　　销售方：（章）

$$运杂费分配率=\frac{16\ 200}{17\ 000+10\ 000}=0.6$$

A 材料应负担的运杂费＝17 000×0.6＝10 200(元)

B 材料应负担的运杂费＝10 000×0.6＝6 000(元)

A 材料采购成本＝329 800＋10 200＝340 000(元)

B 材料采购成本＝134 000＋6 000＝140 000(元)

该项经济业务发生后，企业购买 A 原材料支付买价 329 800 元，运费 10 200 元，这两项构成 A 材料的实际采购成本 340 000 元；购买 B 原材料支付买价 134 000 元，运费 6 000 元，这两项构成 B 材料的实际采购成本 140 000 元，使在途物资增加 480 000 元，应借记“在途物资”账户。同时，作为一般纳税人，随同价款一起支付的增值税款为 61 752 元，不能计入采购成本，使企业负债减少，应借记“应交税费——应交增值税(进项税额)”账户；使银行存款减少了 541 752 元，应贷记“银行存款”账户。因此，该项经济业务应作如下会计分录：

借：在途物资——A 材料　　340 000
　　　　　　——B 材料　　140 000
　　应交税费——应交增值税(进项税额)　　61 752
　贷：银行存款　　541 752

根据上述分析结果和银行转来的“托收凭证”的付款通知、“增值税专用发票”和“铁路运杂费收据”等原始凭证，编制记账凭证如表 5-23 所示。

表 5-23

记账凭证

记字第4号

20××年12月3日

摘要	总账科目	明细科目	借方金额（亿千百十万千百十元角分）	贷方金额（亿千百十万千百十元角分）	√
购A材料	在途物资	A材料	34000000		
购B材料	在途物资	B材料	14000000		
	应交税费	应交增值税(进项税额)	6175200		
	银行存款			54175200	
合计			¥54175200	¥54175200	

附单据叁张

会计主管： 记账： 出纳： 复核： 制单：李萍

【任务5-5】 12月6日，上述材料到达企业并验收入库。财务部门收到仓库保管员填制的收料单，如表5-24所示。财会人员编制材料采购成本计算表，如表5-25所示。

表 5-24

收料单

材料科目：原材料 编号：收1

供应单位：东轻股份有限公司 20××年12月6日 材料类别：主要材料 仓库：1号库

材料编号	材料名称	规格	计量单位	数量		金额			
				应收	实收	单价	发票金额	运杂费	合计
1001	A材料		千克	17 000	17 000	19.40	329 800	10 200	340 000
1002	B材料		千克	10 000	10 000	13.40	134 000	6 000	140 000
备注									

采购员：王鹏 检验员： 记账员： 保管员：赵芳

表 5-25

材料采购成本计算表

20××年12月

单位：元

项目	A材料(17 000千克)		B材料(10 000千克)		成本合计
	总成本	单位成本	总成本	单位成本	
买价	329 800	19.40	134 000	13.40	463 800
采购费用	10 200	0.60	6 000	0.60	16 200
采购成本	340 000	20.00	140 000	14.00	480 000

该项经济业务使原材料增加了480 000元，应借记“原材料”账户；使在途材料减少480 000元，应贷记“在途物资”账户。因此，该项经济业务应作如下会计分录：

借：原材料——A 材料　　340 000
　　　　　——B 材料　　140 000
　贷：在途物资——A 材料　　340 000
　　　　　　　——B 材料　　140 000

根据上述分析结果和收料单填制记账凭证，如表 5-26 所示。

表 5-26

记 账 凭 证

记字第 5 号

20××年 12 月 6 日

摘　要	科目		借方金额	贷方金额	√
	总账科目	明细科目	亿千百十万千百十元角分	亿千百十万千百十元角分	
A 材料入库	原材料	A 材料	34000000		
B 材料入库	原材料	B 材料	14000000		
	在途物资	A 材料		34000000	
	在途物资	B 材料		14000000	
合　计			¥48000000	¥48000000	

附单据贰张

会计主管：　　记账：　　出纳：　　复核：　　制单：李萍

※ 小提示：如果【任务 5-4】中购入材料的款项尚未支付，应贷记"应付账款"账户，等支付货款时再作会计分录如下：

借：应付账款　　541 752
　贷：银行存款　　541 752

如果【任务 5-4】中购入材料在付款的同时到达企业并验收入库，则会计分录如下：

借：原材料——A 材料　　340 000
　　　　　——B 材料　　140 000
　　应交税费——应交增值税(进项税额)　　61 752
　贷：银行存款　　541 752

结转入库材料的采购成本时，除了登记"原材料"账户外，还要分别登记 A、B 两种材料的明细账，并且既要登记入库材料的数量，又要登记金额。

学习子情境 4　核算生产过程业务

一、生产过程业务的核算内容

生产过程是产品制造企业经营活动的主要过程。生产过程既是产品的制造过程，又是物化劳动和活劳动的耗费过程。一方面劳动者借助于劳动资料对劳动对象进行加工制造产品，以满足社会需要；另一方面为了制造产品，必然要发生各种耗费，如消耗各种材料，支付工人工资，支付厂房、机器设备等劳动资料所发生的折旧费等。企业在一定时期内发生的用货币表现的生产耗费，称为费用。将计入产品成本的费用按一定种类和数量的产品进行分配和归集，就形成了产品的生产成本。因此，在产品生产过程中，费用的发生、归集和分配，以及产品成本的形成，就构成了生产过程核算的主要内容。

二、计算产品的生产成本

（一）产品生产成本的构成

产品生产成本是指企业为生产一定种类和数量的产品而发生的各项生产费用的总和。生产费用按一定种类和数量的产品加以分配和归集，就是产品成本。

制造企业发生的各种费用按其经济用途分类，分为计入产品成本的生产费用和不计入产品成本的期间费用。不计入产品成本的期间费用包括销售费用、管理费用和财务费用。

计入产品成本的生产费用可以进一步划分为若干项目，在会计上称为产品成本项目。产品成本项目一般包括直接材料、直接人工和制造费用等。

1. 直接材料

直接材料是指直接用于产品生产、在生产经营过程中实际消耗的原材料和辅助材料等。

2. 直接人工

直接人工是指直接从事产品生产人员的全部货币性薪酬和非货币性福利。

3. 制造费用

制造费用是指各个生产车间为组织和管理生产所发生的各项费用，如车间管理人员的职工薪酬，车间固定资产的折旧费，租赁费，车间办公费、机物料消耗等。

因此，在制造企业，产品生产成本包括以下内容：

产品生产成本＝直接材料＋直接人工＋制造费用

制造企业的费用与产品生产成本的关系如图 5-3 所示。

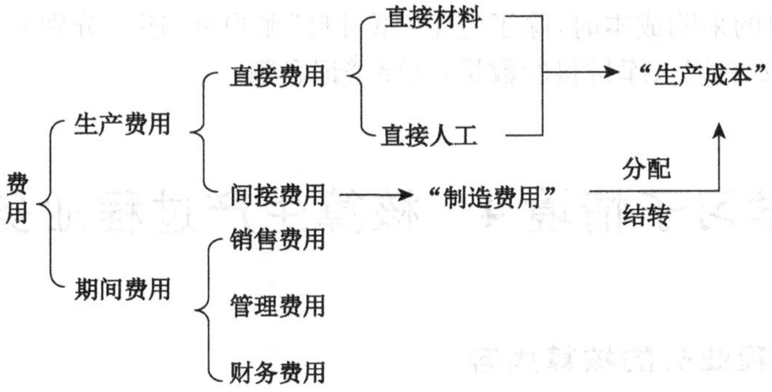

图 5-3　费用与产品生产成本的关系

（二）产品生产成本的计算

在计算产品生产成本时，一般将产品生产过程中发生的各项生产费用按产品名称或类别分别进行分配和归集，以分别计算各种产品的总成本和单位成本。由于直接材料和直接人工是直接用于产品生产的费用，因而一般可以直接计入各种产品的生产成本中；而制造费用在其发生时，一般难以分清应由哪种产品承担多少制造费用，因而应先归集，再按照一定的标准分配后计入各种产品成本中。制造费用分配有关计算公式如下：

$$制造费用分配率=\frac{制造费用总额}{生产工人工资（或工时）总额}$$

$$某产品应分摊的制造费用=该产品生产工人工资（或工时）\times 制造费用分配率$$

小提示：如果企业只生产一种产品，制造费用无须分配，可直接计入该产品的生产成本。

三、核算生产过程业务设置的账户

1.“其他应收款”账户

“其他应收款”账户用来核算企业除应收账款、应收票据和预付账款、应收股利和应收利息以外的其他各种应收及暂付款项，主要包括应收的各种赔款、罚款、应收的出租包装物租金、存出保证金和应向职工收取的各种垫付款项。该账户为资产类账户，其借方登记其他应收款的增加；贷方登记其他应收款的收回；期末余额一般在借方，表示尚未收回的其他应收款项。该账户应按照单位或个人设置明细账，进行明细分类核算。

2.“生产成本”账户

“生产成本”账户用来归集和分配产品生产过程中所发生的各项费用，正确计算产品的生产成本。该账户是成本类账户，其借方登记应计入产品生产成本的各项费用，包括直接计入产品生产成本的直接材料和直接人工，以及分配计入产品生产成本的制造费用；贷方登记完工入库产品的生产成本；期末借方余额，表示企业尚未加工完成的各种在产品的成本。该账户应按产品品种设置明细账，进行明细分类核算。

3.“制造费用”账户

“制造费用”账户用来核算企业生产车间为生产产品和提供劳务而发生的各项间接费用，包括生产车间管理人员的工资等职工薪酬、生产车间计提的固定资产折旧费、办公费、水电费等。该账户是成本类账户，其借方登记实际发生的各项制造费用；贷方登记分配计入产品生产成本，即转入“生产成本”账户借方的制造费用；期末结转后，该账户一般没有余额。该账户应按不同车间设置明细账，进行明细分类核算。

4.“应付职工薪酬”账户

职工薪酬是指企业因获得职工提供的服务而给予职工的各种形式的报酬。“应付职工薪酬”账户用来核算企业根据有关规定应付职工的各种薪酬，包括：①职工工资、奖金、津贴和补贴；②职工福利费；③各项保险待遇（医疗、养老、失业、工伤、生育保险费等社会保险及企业为职工购买的各种商业保险）和住房公积金；④工会经费和职工教育经费等所有企业根据有关规定应付给职工的各种薪酬。该账户是负债类账户，其贷方登记应由本月负担，按其用途分配记入有关的成本费用账户，但尚未支付的职工薪酬；借方登记本月实际支付的职工薪酬；期末如有余额，一般在贷方，表示企业应付而尚未支付的职工薪酬。该账户可按"工资""职工福利费""社会保险费""住房公积金""工会经费"等设置明细账，进行明细分类核算。

5. "应付利息"账户

"应付利息"账户用来核算企业按照合同约定应支付的利息，包括吸收存款、分期付息到期还本的长期借款、企业债券等应支付的利息。该账户是负债类账户，其贷方登记按规定利率计算的应付利息数；借方登记实际支付的利息数；期末贷方余额，表示企业应付而尚未支付的利息。该账户可按存款人或债权人设置明细账，进行明细分类核算。

6. "累计折旧"账户

"累计折旧"账户用来核算企业固定资产的累计折旧。在会计核算中，为了反映企业固定资产的增减变动及其结果，提供管理需要的有用会计信息，除了应设置和运用"固定资产"账户外，还应设置和运用"累计折旧"账户。由于固定资产在其较长的使用期限内保持原有实物形态，而其价值却随着固定资产的损耗而逐渐减少。固定资产由于损耗而减少的价值就是固定资产的折旧。固定资产的折旧应该作为折旧费用计入产品的成本或期间费用，这样做不仅是为了使企业在将来有能力重置固定资产，更主要的是为了实现期间收入与费用的正确配比。基于固定资产的上述特点，为了使"固定资产"账户能按固定资产的原始价值反映期间增减变动和结存情况，并便于计算和反映固定资产的账面净值，就需要专门设置一个用来反映固定资产损耗价值(即折旧额)的账户，即"累计折旧"账户。该账户是资产类账户，其贷方登记每月计提的固定资产折旧，表示固定资产因损耗而减少的价值；借方登记固定资产因出售、报废等原因引起的价值减少，在注销固定资产的原始价值时，结转已提取的累计折旧额；期末贷方余额，表示现有固定资产已提取的累计折旧额。将"累计折旧"账户的贷方余额抵减"固定资产"账户的借方余额，即可求得固定资产的净值。该账户只进行总分类核算，不进行明细分类核算。

7. "库存商品"账户

"库存商品"账户用来核算企业库存的各种商品的实际成本，包括库存产成品、存放在门市部准备出售的商品、发出展览的商品以及寄存在外的商品等。该账户是资产类账户，其借方登记已验收入库商品的实际成本；贷方登记发出商品的实际成本；期末借方余额，表示库存商品的实际成本。该账户应按商品的种类、品种和规格设置明细账，进行明细分类核算。

8. "管理费用"账户

"管理费用"账户用来核算企业行政管理部门为组织和管理生产经营活动而发生的费用，包括企业在筹建期间内发生的开办费、董事会和行政管理部门在企业经营管理中发生的或者应由企业统一负担的公司经费(包括行政管理部门职工工资及福利费、办公费和差旅费等)、工会经费、董事会费 、聘请中介机构费、咨询费(含顾问费)、诉讼费、业务招待费、技术转让费、矿产资源补偿费、研究费用、排污费等。该账户是损益类账户，其借方登记发生的各种费用；贷方登记期末转入"本年利润"账户的费用；期末结转后，该账户无余额。该账户应按费用项目设置明细账，进行明细分类核算。

9. "财务费用"账户

"财务费用"账户用来核算企业为筹集生产经营资金而发生的各项费用，包括利息支出

(减利息收入)、汇兑损益和相关的手续费等。该账户是损益类账户，其借方登记发生的各项财务费用；贷方登记发生的应冲减财务费用的利息收入、汇兑收益和结转到“本年利润”账户的财务费用；期末结转后，该账户无余额。该账户应按照费用项目设置明细账，进行明细分类核算。

生产过程的账务处理程序如图 5-4 所示。

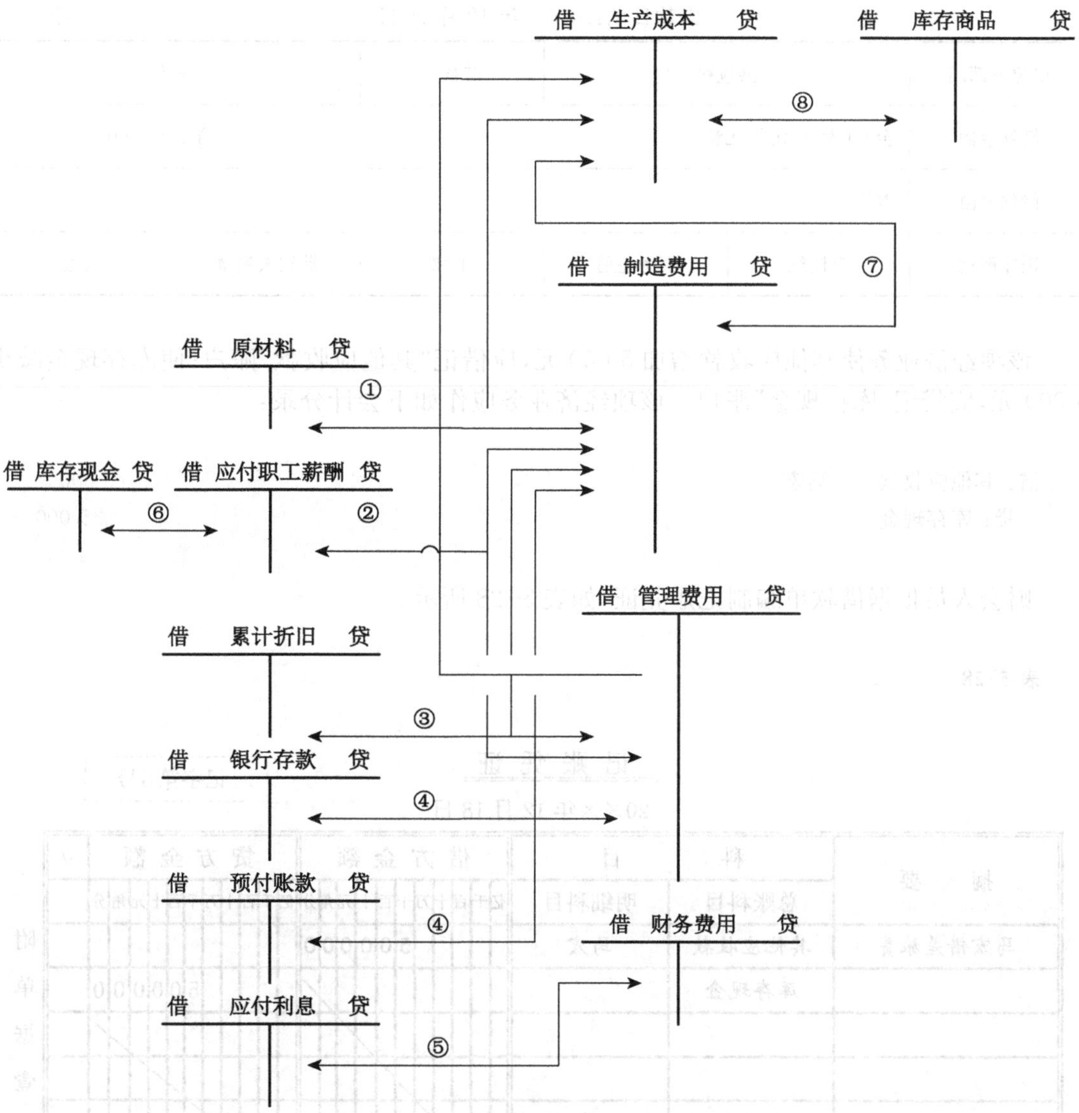

图 5-4　生产过程的账务处理程序

说明：
① 领用材料。　② 结算职工薪酬。　③ 计提折旧。
④ 摊销或支付其他费用。　⑤ 计提利息。　⑥ 支付职工工资。
⑦ 结转制造费用。　⑧ 结转完工入库产品的生产成本。

请思考：产品的生产成本项目有哪些？

四、典型工作任务举例

【任务5-6】 12 月 18 日，采购员马宏预借差旅费现金 5 000 元，借款单如表 5-27 所示。

表 5-27

借 款 单

借款日期：20××年 12 月 18 日　　　　第 01 号

单位或部门	供应科		借款人	马宏
借款金额	金额(大写)伍仟元整　　　¥5 000.00			
借款事由	差旅费			
领导审批	李桂红	财务主管	王和	借款人签章	马宏

该项经济业务使其他应收款增加 5 000 元，应借记“其他应收款”账户；使库存现金减少 5 000 元，应贷记“库存现金”账户。该项经济业务应作如下会计分录：

借：其他应收款——马宏　　　5 000
　贷：库存现金　　　　　　　　5 000

财会人员根据借款单编制记账凭证，如表 5-28 所示。

表 5-28

记 账 凭 证

记字第6号

20××年 12 月 18 日

摘要	科目 总账科目	科目 明细科目	借方金额（亿千百十万千百十元角分）	贷方金额（亿千百十万千百十元角分）	√
马宏借差旅费	其他应收款	马宏	500000		
	库存现金			500000	
合　计			¥500000	¥500000	

附单据壹张

会计主管：　　记账：　　出纳：　　复核：　　制单：李萍

【任务5-7】 12 月 22 日，曲琳购买办公用品 1 044 元，开出转账支票支付货款，相关凭证如表 5-29 至表 5-31 所示(注：此处增值税发票抵扣联略)。

表 5-29

××省增值税专用发票

全国统一发票监制章 ××省 国家税务总局监制

发　票　联

№ 02593687

开票日期：20××年 12 月 22 日

购买方	名　　称：远东有限责任公司 纳税人识别号：912301036828392136 地 址、电 话：××省××市松江路 36 号 84696123 开户行及账号：工行松江支行 3500040109002325768				密码区	(略)	
货物或应税劳务、服务名称	规格型号	单 位	数 量	单 价	金　额	税 率	税　额
计算器		个	10	90	900.00	13%	117.00
合　计					¥ 900.00		¥ 117.00
价税合计（大写）	⊗壹仟零壹拾柒元整				（小写） ¥1 017.00		
销售方	名　　称：志诚办公用品有限责任公司 纳税人识别号：912301037813185753 地 址、电 话：××省××市××路××号 87557961 开户行及账号：工行××省××市学府支行 047122764886128				备注	志诚办公用品有限责任公司 912301037813185753 发票专用	

收款人：　　　复核：　　　开票人：　　　销售方：（章）

第三联：发票联　购货方记账凭证

表 5-30

支票存根

中国工商银行

转账支票存根

××××××××

××××××××

附加信息

出票日期 20××年 12 月 22 日

收款人：志诚办公用品有限责任公司

金　额：¥1 017.00

用　途：购买办公用品

单位主管：×××　会计：×××

表 5-31

办公用品领用表

20××年 12 月 22 日

领用部门	品名	计量单位	数量	单价	金额											备注
					亿	千	百	十	万	千	百	十	元	角	分	
生产部门	计算器	个	4	90							3	6	0	0	0	
厂部办公部门	计算器	个	6	90							5	4	0	0	0	
合计										¥	9	0	0	0	0	

该项经济业务使制造费用和管理费用分别增加了 360 元和 540 元，上交增值税 117 元，应分别借记“制造费用”“管理费用”和“应交税费”账户；使银行存款减少了 1 017 元，应贷记“银行存款”账户。因此，该项经济业务应作如下会计分录：

借：制造费用——办公费　　360

　　管理费用——办公费　　540

　　应交税费——应交增值税(进项税额)　　117

　贷：银行存款　　1 017

根据上述分析结果和发票、支票存根及办公用品领用表，编制记账凭证如表 5-32 所示。

表 5-32

记账凭证

记字第7号

20××年 12 月 22 日

摘要	科目		借方金额											贷方金额											√
	总账科目	明细科目	亿	千	百	十	万	千	百	十	元	角	分	亿	千	百	十	万	千	百	十	元	角	分	
购计算器	制造费用	办公费							3	6	0	0	0												
	管理费用	办公费							5	4	0	0	0												
	应交税费	应交增值税(进项税额)							1	1	7	0	0												
	银行存款																		1	0	1	7	0	0	
合计							¥	1	0	1	7	0	0					¥	1	0	1	7	0	0	

附单据叁张

会计主管：　　记账：　　出纳：　　复核：　　制单：李萍

【任务 5-8】 12 月 31 日，分配结转本月发出材料实际成本。财会人员根据领料单(略)编制发料凭证汇总表，如表 5-33 所示。

表 5-33

发料凭证汇总表

编号：

数量单位：千克　　　　20××年 12 月 31 日　　　　金额单位：元

用途	A 材料			B 材料			合 计
	数量	单价	金额	数量	单价	金额	
甲产品耗用	10 000	20.00	200 000	6 000	14.00	84 000	284 000
乙产品耗用	5 000	20.00	100 000	5 000	14.00	70 000	170 000
小　计	15 000	20.00	300 000	11 000	14.00	154 000	454 000
车间一般耗用	160	20.00	3 200				3 200
管理部门耗用				100	14.00	1 400	1 400
合　计	15 160	20.00	303 200	11 100	14.00	155 400	458 600

该项经济业务使生产成本、制造费用和管理费用分别增加了 454 000 元、3 200 元和 1 400 元，应分别借记“生产成本”“制造费用”和“管理费用”账户；使原材料减少了458 600 元，应贷记“原材料”账户。因此，该项经济业务应作如下会计分录：

借：生产成本——甲产品　　284 000
　　　　　　——乙产品　　170 000
　　制造费用　　3 200
　　管理费用　　1 400
　贷：原材料——A 材料　　303 200
　　　　　　——B 材料　　155 400

根据上述分析结果和领料单及发料凭证汇总表，编制记账凭证如表 5-34 所示。

表 5-34

记 账 凭 证

记字第　号

20××年 12 月 31 日

摘　要	总账科目	明细科目	借方金额（亿千百十万千百十元角分）	贷方金额（亿千百十万千百十元角分）	√
生产甲产品	生产成本	甲产品	28400000		
生产乙产品	生产成本	乙产品	17000000		
车间一般耗用	制造费用	物料消耗	320000		
厂部耗用	管理费用	物料消耗	140000		
	原材料	A 材料		30320000	
	原材料	B 材料		15540000	
合　计			¥45860000	45860000	

附单据壹张

会计主管：　　记账：　　出纳：　　复核：　　制单：李萍

【任务 5-9】 12 月 31 日，分配结转本月工资费用，根据工资结算汇总表（略）编制工资费用分配汇总表，如表 5-35 所示。

表 5-35

工资费用分配汇总表

20××年 12 月 31 日

单位:元

车间、部门		工资合计
车间生产工人	生产甲产品	100 000
	生产乙产品	80 000
	小　计	180 000
车间管理人员		30 000
厂部管理人员		20 000
合　计		230 000

该项经济业务使生产成本、制造费用和管理费用分别增加 180 000 元、30 000 元和 20 000 元,应分别借记"生产成本""制造费用"和"管理费用"账户;使应付职工薪酬增加 230 000 元,应贷记"应付职工薪酬"账户。因此,该项经济业务应作如下会计分录:

借:生产成本——甲产品　　100 000
　　　　　——乙产品　　80 000
　　制造费用　　30 000
　　管理费用　　20 000
　贷:应付职工薪酬——工资　　230 000

根据上述分析结果和工资费用分配汇总表,填制记账凭证如表 5-36 所示。

※ 小提示:下月月初支付工资时,根据有关原始凭证编制如下会计分录:

借:应付职工薪酬——工资　　230 000
　贷:银行存款(或库存现金)　　230 000

表 5-36

记 账 凭 证

记字第 9 号

20××年 12 月 31 日

摘　要	总账科目	明细科目	借方金额(亿千百十万千百十元角分)	贷方金额(亿千百十万千百十元角分)	√
生产甲产品工人工资	生产成本	甲产品	10000000		
生产乙产品工人工资	生产成本	乙产品	8000000		
车间管理人员工资	制造费用	工资	3000000		
厂部管理人员工资	管理费用	工资	2000000		
	应付职工薪酬	工资		23000000	
合　　计			¥23000000	¥23000000	

附单据壹张

会计主管:　　记账:　　出纳:　　复核:　　制单:李萍

【任务5-10】 12月31日，按本月工资总额的14%计提职工福利费。根据工资费用分配汇总表编制职工福利费用计提表，如表5-37所示。

表5-37

职工福利费用计提表

20××年12月31日

单位：元

车间、部门		工资总额	比例	福利费
车间生产工人	生产甲产品	100 000	14%	14 000
	生产乙产品	80 000	14%	11 200
	小　计	180 000	14%	25 200
车间管理人员		30 000	14%	4 200
厂部管理人员		20 000	14%	2 800
合　计		230 000	14%	32 200

该项经济业务使生产成本、制造费用和管理费用分别增加25 200元、4 200元和2 800元，应分别借记“生产成本”“制造费用”和“管理费用”账户；使应付职工薪酬增加32 200元，应贷记“应付职工薪酬”账户。因此，该项经济业务应作如下会计分录：

借：生产成本——甲产品　　14 000
　　　　　——乙产品　　11 200
　　制造费用　　4 200
　　管理费用　　2 800
　贷：应付职工薪酬——职工福利费　　32 200

根据上述分析结果和职工福利费用计提表，编制记账凭证如表5-38所示。

表5-38

记 账 凭 证

记字第10号

20××年12月31日

摘　要	科目：总账科目	科目：明细科目	借方金额（亿千百十万千百十元角分）	贷方金额（亿千百十万千百十元角分）	√
计提甲产品工人福利费	生产成本	甲产品	1400000		
计提乙产品工人福利费	生产成本	乙产品	1120000		
车间管理人员福利费	制造费用	职工福利费	420000		
厂部管理人员福利费	管理费用	职工福利费	280000		
	应付职工薪酬	职工福利费		3220000	
合　计			¥3220000	¥3220000	

附单据壹张

会计主管：　　记账：　　出纳：　　复核：　　制单：李萍

【任务5-11】 12月31日，计提本月固定资产折旧。财会人员编制固定资产折旧计算表，如表5-39所示。

表 5-39

固定资产折旧计算表

20××年 12 月 31 日　　　　单位:元

使用单位部门	上月固定资产折旧额	上月增加固定资产应计提折旧额	上月减少固定资产应计提折旧额	本月应计提的折旧额
生产车间	6 440	800	—	7 240
厂部	3 400	—	500	2 900
合计	9 840	800	500	10 140

固定资产折旧是指企业的固定资产在生产过程中由于使用、自然作用和技术进步等原因,逐渐地损耗而转移到产品成本或当期费用中的那部分价值。固定资产折旧费是企业生产经营过程中发生的费用,将随着产品的销售和取得收入而得到补偿,该项经济业务使制造费用和管理费用分别增加 7 240 元和 2 900 元,应分别借记“制造费用”和“管理费用”两个账户;使固定资产价值减少 10 140 元,但为了反映固定资产的原始价值指标,以满足管理上的特定需要,对于因折旧而减少的固定资产价值,不直接记入“固定资产”账户的贷方,在核算上,专门设置一个调整账户,用来反映固定资产因发生折旧而减少的价值,这个账户就是“累计折旧”账户。累计折旧的增加,意味着固定资产价值的减少,所以对因计提折旧而减少的固定资产价值,应贷记“累计折旧”账户。因此,上述计提固定资产折旧的业务,应作如下会计分录:

借:制造费用——折旧费　　7 240
　　管理费用——折旧费　　2 900
　贷:累计折旧　　10 140

根据上述分析结果和固定资产折旧计算表,编制记账凭证如表 5-40 所示。

表 5-40

记 账 凭 证

记字第 11 号

20××年 12 月 31 日

摘要	总账科目	明细科目	借方金额(亿千百十万千百十元角分)	贷方金额(亿千百十万千百十元角分)	√
计提固定资产折旧	制造费用	折旧费	724000		
	管理费用	折旧费	290000		
	累计折旧			1014000	
合计			¥1014000	¥1014000	

附单据壹张

会计主管:　　记账:　　出纳:　　复核:　　制单:李萍

请思考:计提固定资产折旧时,为什么不贷记“固定资产”账户?

【任务 5-12】 12 月 31 日，计提当月利息，财会人员编制借款利息费用计算表，如表 5-41 所示。

表 5-41

借款利息费用计算表

20××年 12 月 31 日

单位：元

借款种类	借款金额	年利率	本月应计利息额
流动资金周转借款	300 000	8%	2 000
合　计	300 000		2 000

银行借款利息属于财务费用，企业一般按季与银行结算，根据权责发生制原则，在季内的每个月企业都要负担这笔利息费用，这样会使财务费用增加 2 000 元，应借记“财务费用”账户；使应付利息也增加 2 000 元，应贷记“应付利息”账户。因此，该项经济业务应作如下会计分录：

借：财务费用——利息　　2 000

　贷：应付利息　　2 000

根据上述分析结果和借款利息费用计算表，填制记账凭证如表 5-42 所示。

表 5-42

记 账 凭 证

记字第 12 号

20××年 12 月 31 日

摘　要	科目		借方金额											贷方金额											√
	总账科目	明细科目	亿	千	百	十	万	千	百	十	元	角	分	亿	千	百	十	万	千	百	十	元	角	分	
计提利息	财务费用	利息						2	0	0	0	0	0												
	应付利息																		2	0	0	0	0	0	
合　　计							¥	2	0	0	0	0	0					¥	2	0	0	0	0	0	

附单据壹张

会计主管：　记账：　出纳：　复核：　制单：李萍

※小提示：下一年 1 月月末和 2 月月末都作相同的会计分录。

【任务 5-13】 12 月 31 日，采购员马宏出差归来报销差旅费，交回剩余现金，差旅费报销单及收据如表 5-43 和表 5-44 所示。

原借款额	5 000.00
报销额	4 820.00
返现金	180.00
付现金	

表 5-43

差旅费报销单

单位:供应科

20××年 12 月 31 日

姓名				马宏				出差事由			开会						
出发地				到达地				公出补助			车、船飞机票	卧铺	宿费	市内车费	邮电费	其他	合计金额
月	日	时	地点	月	日	时	地点	天数	标准	金额							
12	20		A 市	12	20		B 市	2	80	160	2 100		400	40		20	2 720
12	22		B 市	12	22		A 市				2 100						2 100
合　计										160	4 200		400	40		20	4 820
合计人民币(大写)肆仟捌佰贰拾元整														¥4 820.00			
备注																	

附单据 陆张

表 5-44

收　据

No

20××年 12 月 31 日

交款单位名称
(或姓名)　马宏

摘　　要　返还差旅费预借款余款

人　民　币(大写)壹佰捌拾元整　　¥180.00

备　　注　原预借款 5 000 元,实际报销 4 820 元

远东有限责任公司 财务专用章

第二联:记账联

该项经济业务使管理费用增加 4 820 元,应借记“管理费用”账户;使库存现金增加 180 元,应借记“库存现金”账户;使其他应收款减少了 5 000 元,应贷记 “其他应收款”账户。会计人员编制的会计分录如下:

借:管理费用——差旅费　　4 820
　　库存现金　　180
　贷:其他应收款——马宏　　5 000

财会人员根据审核无误的差旅费报销单和收据,填制记账凭证如表 5-45 所示。

表 5-45

记 账 凭 证

记字第 13 号

20××年 12 月 31 日

摘　　要	科目		借方金额	贷方金额	√
	总账科目	明细科目	亿千百十万千百十元角分	亿千百十万千百十元角分	
马宏报销差旅费	管理费用	差旅费	482000		
	库存现金		18000		
	其他应收款	马宏		500000	
合　　计			¥500000	¥500000	

附单据贰张

会计主管：　　记账：　　出纳：　　复核：　　制单：李萍

【任务 5-14】 12 月 31 日，将本月发生的制造费用按本月发生的生产工人的工资比例分配计入甲、乙两种产品成本。制造费用明细账和制造费用分配表如表 5-46 和表 5-47所示。

表 5-46

制造费用明细账

车间名称：基本生产车间　　20××年 12 月

20××年		凭证号数	摘要	借方						贷方	借或贷	余额
月	日			办公费	物料消耗	工资	福利费	折旧费	合计			
12	22	记 7	车间用计算器	360					360		借	360
	31	记 8	耗用材料		3 200				3 200		借	3 560
	31	记 9	车间管理人员工资			30 000			30 000		借	33 560
	31	记 10	车间管理人员福利费				4 200		4 200		借	37 760
	31	记 11	车间固定资产折旧					7 240	7 240		借	45 000
	31	记 14	分配转出制造费用							45 000	平	θ
	31		本月合计	360	3 200	30 000	4 200	7 240		45 000	平	θ

表 5-47

制造费用分配表

车间名称：基本生产车间　　20××年 12 月　　单位：元

总账科目	明细科目	生产工人工资	分配率	分配金额
生产成本	甲产品	100 000	0.25	25 000
	乙产品	80 000	0.25	20 000
合 计		180 000		45 000

注：

$$制造费用分配率=\frac{45\ 000}{100\ 000+80\ 000}=0.25$$

甲产品应分摊的制造费用＝100 000×0.25＝25 000(元)

乙产品应分摊的制造费用＝80 000×0.25＝20 000(元)

制造费用是指企业的生产部门或车间为组织和管理生产所发生的间接费用。制造费用是产品生产成本的组成部分，在生产两种以上产品的企业，平时发生的制造费用因无法分清各种产品应具体负担的数额，因此直接归集在“制造费用”账户的借方。期末时，先将本期“制造费用”账户借方所归集的制造费用总额，按照一定的标准(如生产工人工资比例、生产工人工时比例或机器工时比例)，采用一定的分配方法，在各种产品之间进行分配，计算出某种产品应负担的制造费用；再从“制造费用”账户的贷方转入“生产成本”账户的借方。表5-46制造费用分配表表明，本月共发生制造费用45 000元，经分配后，甲产品应负担25 000元，乙产品应负担20 000元。这项经济业务使生产成本增加45 000元，应借记“生产成本”账户；使制造费用减少45 000元，应贷记“制造费用”账户。因此，该项经济业务应作如下会计分录：

借：生产成本——甲产品　　25 000

　　　　　　——乙产品　　20 000

　贷：制造费用　　45 000

根据上述分析结果和制造费用分配表，填制记账凭证如表5-48所示。

表5-48

记账凭证

记字第14号

20××年12月31日

摘要	科目 总账科目	科目 明细科目	借方金额（亿千百十万千百十元角分）	贷方金额（亿千百十万千百十元角分）	√
分配制造费用	生产成本	甲产品	2500000		
	生产成本	乙产品	2000000		
	制造费用			4500000	
合计			¥4500000	¥4500000	

附单据壹张

会计主管：　　记账：　　出纳：　　复核：　　制单：李萍

【任务5-15】 12月31日，本月甲产品2 000件全部完工，并已验收入库，计算并结转甲产品的生产成本。乙产品没有完工。

生产成本是指企业为生产一定种类和数量的产品所发生的各项生产费用的总和。一般包括直接材料、直接人工和制造费用。企业日常为生产产品而发生的生产费用分别按上述成本项目归集在生产成本明细账中。月末，根据生产成本明细账归集的生产费用，结合有关统计资料，按照一定的成本计算方法，将某种产品归集的生产费用在完工产品和在产品之间进行分配，计算出完工产品的总成本和单位成本，填制生产成本明细账、完工产品成本汇总表和库存商品入库单，如表5-49至表5-52所示。

表 5-49

生产成本明细账

产品名称:甲产品　　20××年 12 月　　完工产量:2 000 件

20××年		凭证号数	摘　要	借　方				贷方	借或贷	余额
月	日			直接材料	直接人工	制造费用	合计			
12	31	记 8	生产用材料	284 000			284 000		借	284 000
	31	记 9	分配工资		100 000		100 000		借	384 000
	31	记 10	计提福利费		14 000		14 000		借	398 000
	31	记 14	分配制造费用			25 000	25 000		借	423 000
	31	记 15	甲产品完工					423 000	平	θ
	31		本月合计	284 000	114 000	25 000	423 000	423 000	平	θ

表 5-50

生产成本明细账

产品名称:乙产品　　20××年 12 月

20××年		凭证号数	摘　要	借　方				贷方	借或贷	余额
月	日			直接材料	直接人工	制造费用	合计			
12	31	记 8	生产用材料	170 000			170 000		借	170 000
	31	记 9	分配工资		80 000		80 000		借	250 000
	31	记 10	计提福利费		11 200		11 200		借	261 200
	31	记 14	分配制造费用			20 000	20 000		借	281 200
	31		本月合计	170 000	91 200	20 000	281 200		借	281 200

表 5-51

完工产品成本汇总表

20××年 12 月 31 日　　单位:元

成本项目	甲产品(产量:2 000 件)	
	总成本	单位成本
直接材料	284 000	142.00
直接人工	114 000	57.00
制造费用	25 000	12.50
合　计	423 000	211.50

表 5-52

库存商品入库单

交库部门:生产车间　　20××年 12 月 31 日　　产成品库:2 号库

类别	名称及规格	计量单位	实收数量	单位成本	总成本
甲产品	12001	件	2 000	211.50	423 000

该项经济业务使库存商品增加 423 000 元,应借记“库存商品”账户,使生产成本减少 423 000 元,应贷记“生产成本”账户,财会人员根据完工产品成本汇总表和库存商品入库单,编制如下会计分录:

借：库存商品——甲产品　　423 000

　贷：生产成本——甲产品　　423 000

根据上述分析结果，完工产品成本汇总表和库存商品入库单，填制记账凭证如表 5-53 所示。

表 5-53

记 账 凭 证

记字第 15 号

20××年 12 月 31 日

摘　要	科　目		借方金额	贷方金额	√
	总账科目	明细科目	亿千百十万千百十元角分	亿千百十万千百十元角分	
甲产品完工	库存商品	甲产品	42300000		
	生产成本	甲产品		42300000	
合　计			¥42300000	¥42300000	

附单据贰张

会计主管：　　记账：　　出纳：　　复核：　　制单：李萍

学习子情境 5　核算销售过程业务

一、销售过程业务的核算内容

销售过程是企业生产经营活动的最后阶段。在这个阶段，制造企业要将生产过程中生产的产品销售出去，收回货币资金，以保证企业再生产活动的顺利进行。

企业的销售过程，就是将已验收入库的合格产品，按照销售合同规定的条件送交订货单位或组织发运，并按照销售价格和结算制度规定，办理结算手续，及时收取价款取得销售产品收入的过程。在销售过程中，企业一方面取得了销售产品收入，另一方面还会发生一些销售费用，如销售产品的运输费、装卸费、包装费和广告费等，还应根据国家有关税法的规定，计算交纳企业销售活动应负担的税金及附加。企业销售产品取得的收入，扣除因销售产品而发生的实际成本、企业销售活动应负担的税金及附加，即为企业的主营业务利润，这是企业营业利润的主要构成部分。除此以外，企业还可能发生一些其他经济业务，取得其他业务收入并发生其他业务成本。

确定和记录产品销售收入、销售成本、销售费用；计算企业销售活动应负担的税金及附加；反映企业与购货单位所发生的货物结算业务，考核销售计划的执行情况；监督税金及附加的及时交纳等是销售过程业务核算的主要内容。

二、核算销售过程业务设置的账户

1.“主营业务收入”账户

“主营业务收入”账户用来核算企业在销售商品、提供劳务及让渡资产使用权等日常活动中所发生的收入。该账户是损益类账户，其贷方登记企业销售商品(包括产成品、自制半成品等)或让渡资产使用权所实现的收入；借方登记发生的销售退回和期末转入“本年利润”账户的收入；期末结转后，该账户无余额。“主营业务收入”账户应按主营业务的种类设置明细账，进行明细分类核算。

2.“主营业务成本”账户

“主营业务成本”账户用来核算企业因销售商品、提供劳务或让渡资产使用权等日常活动而发生的实际成本。该账户是损益类账户，其借方登记结转已售商品、提供的各种劳务等的实际成本；贷方登记当月发生销售退回的商品成本和期末转入“本年利润”账户的当期销售成本；期末结转后，该账户无余额。该账户应按照主营业务的种类设置明细账，进行明细分类核算。

3.“销售费用”账户

“销售费用”账户用来核算企业在销售商品过程中发生的费用，包括运输费、装卸费、包装费、保险费、展览费和广告费，以及为销售本企业商品而专设的销售机构(含销售网点、售后服务网点等)的职工工资及福利费、业务费等费用。该账户是损益类账户，其借方登记发生的各种销售费用；贷方登记转入“本年利润”账户的销售费用；期末结转后，该账户无余额。该账户应按照费用项目设置明细账，进行明细分类核算。

4.“税金及附加”账户

“税金及附加”账户用来核算企业日常活动应负担的税费，包括消费税、城市维护建设税、资源税、城镇土地使用税、教育费附加、房产税、车船税和印花税等。该账户是损益类账户，其借方登记按照规定计算应负担的税金及附加；贷方登记期末转入“本年利润”账户的税金及附加；期末结转后，该账户无余额。

5.“应收账款”账户

“应收账款”账户用来核算企业因销售商品、提供劳务等，应向购货单位或接受劳务单位收取的款项。该账户是资产类账户，其借方登记销售商品或提供劳务发生的应收款项以及代购货单位垫付的包装费、运杂费等，贷方登记实际收回的应收款项，期末借方余额表示应收但尚未收回的款项。该账户应按照购货单位或接受劳务单位设置明细账，进行明细分类核算。

6.“其他业务收入”账户

“其他业务收入”账户用来核算企业确认的除主营业务活动以外的其他经营活动实现的收入，包括出租固定资产、出租无形资产、出租包装物和商品、销售材料等实现的收入。该账户是损益类账户，其贷方登记企业获得的其他业务收入；借方登记期末结转到“本年利润”账户的已实现的其他业务收入；期末结转以后，该账户无余额。该账户应按其他业务的收入种类设置明细账，进行明细分类核算。

7.“其他业务成本”账户

“其他业务成本”账户用来核算企业确认的除主营业务活动以外的其他经营活动所发生的支出，包括销售材料的成本、出租固定资产的折旧额、出租无形资产的摊销额、出租包装物的成本或摊销额等。该账户是损益类账户，其借方登记其他业务所发生的各项成本、支出；贷方登记期末结转到“本年利润”账户的数额；期末结转以后，该账户无余额。该账户应按其他业务的种类设置明细账，进行明细分类核算。

销售过程的账务处理程序如图5-5所示。

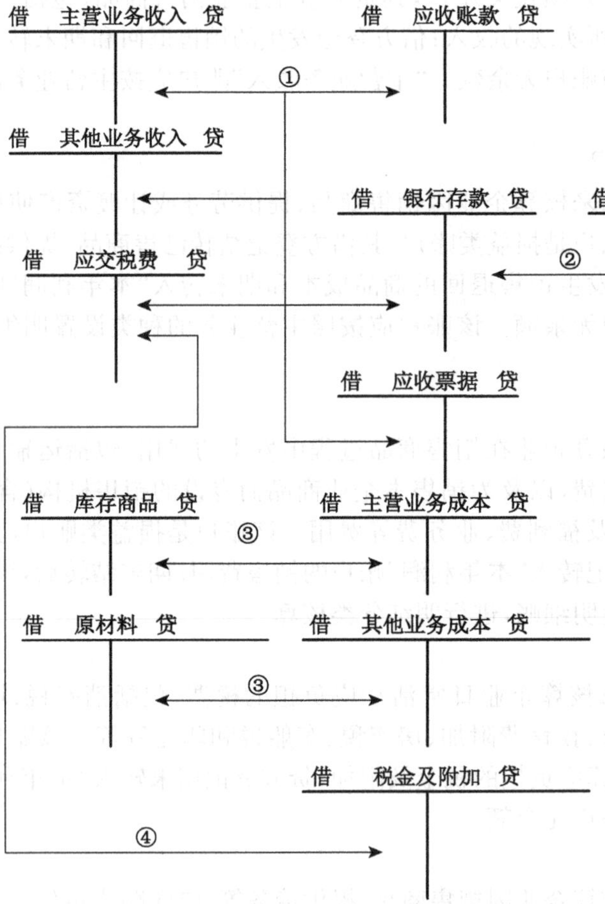

图5-5 销售过程账务处理程序

说明：
① 销售产品、材料结算货款及增值税额。
② 支付产品销售费用。
③ 结转已售产品的生产成本并结转已销材料的成本。
④ 结转应交纳的税金及附加。

请思考：生产成本、库存商品和主营业务成本之间是什么关系？

三、典型工作任务举例

【任务5-16】 12月31日，出售甲产品1 700件，单位售价300元，货款510 000元，增值税税率13%，增值税额66 300元。价税合计576 300元，开出增值税专用发票，产品已经发出，收到购货方开来的转账支票并已送存银行。增值税专用发票及银行进账单如表5-54和表5-55所示。

表 5-54

2300163130　　××省增值税专用发票　　№ 03476452

（全国统一发票监制章 ××省 国家税务总局监制）

此联不作报销、扣税凭证使用　　开票日期：20××年 12 月 31 日

购买方	名　　称：宏达股份有限公司 纳税人识别号：91230104826981675 地 址、电 话：××省华山路77 号 83643566 开户行及账号：工行华山路支行 3500040109008369852					密码区	（略）	
货物或应税劳务、服务名称	规格型号	单 位	数 量	单 价	金 额	税 率	税 额	
甲产品		件	1 700	300	510 000.00	13%	66 300.00	
合　计					¥510 000.00		¥66 300.00	
价税合计（大写）	⊗伍拾柒万陆仟叁佰元整				（小写）¥576 300.00			
销售方	名　　称：远东有限责任公司 纳税人识别号：912301036828392136 地 址、电 话：××省××市松江路 36 号 84696123 开户行及账号：工行松江支行 3500040109002325768					备注	远东有限责任公司 912301036828392136 发票专用	

收款人：　　复核：　　开票人：　　销售方：（章）

第一联：记账联　销货方记账凭证

表 5-55

ICBC 中国工商银行　进账单（收账通知）3

20××年 12 月 31 日

出票人	全　称	宏达股份有限公司	收款人	全　称	远东股份有限公司
	账　号	3500040109008369852		账　号	3500040109002325768
	开户银行	工行华山路支行		开户银行	工行松江支行
金额	人民币（大写）	伍拾柒万陆仟叁佰元整		亿千百十万千百十元角分	¥57630000
票据种类	转账支票	票据张数	壹张	开户银行盖章	
票据号码				中国工商银行 ××省松江支行 20××. 12. 31 转讫	
复核	记账				

此联是收款人开户银行交给收款人的收账通知

该项经济业务使银行存款增加了 576 300 元，应借记“银行存款”账户；实现产品销售收入 510 000 元，使主营业务收入增加，应贷记“主营业务收入”账户，同时，使“应交税费——应交增值税（销项税额）”增加 66 300 元，应贷记“应交税费——应交增值税（销项税额）”账户。因此，该项经济业务应作如下会计分录：

借：银行存款　576 300

　贷：主营业务收入——甲产品　510 000

　　　应交税费——应交增值税（销项税额）　66 300

根据上述分析结果、增值税专用发票第一联和进账单，填制记账凭证如表5-56所示。

表 5-56

记账凭证

记字第16号

20××年12月31日

摘要	总账科目	明细科目	借方金额	贷方金额	√
销售甲产品	银行存款		57630000		
	主营业务收入	甲产品		51000000	
	应交税费	应交增值税（销项税额）		6630000	
合计			¥57630000	¥57630000	

附单据贰张

会计主管：　记账：　出纳：　复核：　制单：李萍

【任务5-17】 12月31日，出售不需用的A材料500千克，开出增值税专用发票一张，售价10 000元，增值税额1 300元，款项已收妥并存入银行，原始凭证如表5-57和表5-58所示。

表 5-57

2300163130　××省增值税专用发票　№ 03476468

（全国统一发票监制章 ××省 国家税务总局监制）

此联不作报销、扣税凭证使用　开票日期：20××年12月31日

购买方	名称：齐佳电子有限公司 纳税人识别号：912014563291963192 地址、电话：××省××市安康路28号 87764445 开户行及账号：工行安康路支行 323160002625160879	密码区	（略）

货物或应税劳务、服务名称	规格型号	单位	数量	单价	金额	税率	税额
A材料		千克	500	20	10 000.00	13%	1 300.00
合计					¥10 000.00		¥1 300.00
价税合计（大写）	⊗壹万壹仟叁佰元整				（小写）¥11 300.00		

销售方	名称：远东有限责任公司 纳税人识别号：912301036828392136 地址、电话：××省××市松江路36号 84696123 开户行及账号：工行松江支行 3500040109002325768	备注	远东有限责任公司 912301036828392136 发票专用

收款人：　复核：　开票人：　销售方：（章）

第一联：记账联　销货方记账凭证

表 5-58

ICBC 中国工商银行 进账单（收账通知）3

20××年 12 月 31 日

出票人	全　称	齐佳电子有限公司	收款人	全　称	远东有限责任公司
	账　号	32316000262516087 9		账　号	3500040109002325768
	开户银行	工行安康路支行		开户银行	工行松江支行
金额	人民币（大写）	壹万壹仟叁佰元整			

亿	千	百	十	万	千	百	十	元	角	分
			¥	1	1	3	0	0	0	0

票据种类	转账支票	票据张数	壹张
票据号码			
	复核	记账	

开户银行盖章

中国工商银行
××省松江支行
20××. 12. 31
转
讫

此联是收款人开户银行交给收款人的收账通知

该项经济业务使银行存款增加了 11 300 元，应借记“银行存款”账户；使其他业务收入增加了 10 000 元，应贷记“其他业务收入”账户；使“应交税费——应交增值税（销项税额）”增加了 1 300 元，应贷记“应交税费——应交增值税（销项税额）”账户。因此，该项经济业务应作如下会计分录：

借：银行存款　　11 300
　贷：其他业务收入——A 材料　　10 000
　　　应交税费——应交增值税（销项税额）　　1 300

根据上述分析结果、增值税专用发票和进账单，填制记账凭证如表 5-59 所示。

表 5-59

记 账 凭 证

记字第 17 号

20××年 12 月 31 日

摘　要	科目：总账科目	科目：明细科目	借方金额（亿千百十万千百十元角分）	贷方金额（亿千百十万千百十元角分）	√
销售 A 材料	银行存款		1130000		
	其他业务收入	A 材料		1000000	
	应交税费	应交增值税（销项税额）		130000	
合　　计			¥1130000	¥1130000	

附单据贰张

会计主管：　　记账：　　出纳：　　复核：　　制单：李萍

【任务 5-18】 12 月 31 日，开出转账支票一张，支付电视台广告费 9 540 元，取得收据及转账支票存根如表 5-60 至表 5-62 所示。

表 5-60

2300164327　　××省增值税专用发票　　№ 06895293

（全国统一发票监制章　××省　国家税务总局监制）

开票日期：20××年12月1日

购买方	名　　称：远东有限责任公司 纳税人识别号：912301036828392136 地 址、电 话：××省××市松江路 36 号 84696123 开户行及账号：工行松江支行 3500040109002325768				密码区	（略）		
货物或应税劳务、服务名称	规格型号	单 位	数 量	单 价	金　额	税 率	税　额	
*广告服务*广告发布费					9 000.00	6%	540.00	
合　计					¥9 000.00		¥540.00	
价税合计（大写）	⊗玖仟伍佰肆拾元整				（小写） ¥9 540.00			
销售方	名　　称：虹彩广告有限责任公司 纳税人识别号：912301033281621249 地 址、电 话：××省××市××路××号87504397 开户行及账号：工行××省长江支行 047129515978851				备注	（虹彩广告有限责任公司　912301033281621249　发票专用章）		

收款人：　　复核：　　开票人：　　销售方：（章）

第三联：发票联　购货方记账凭证

表 5-61

2301034327　　××省增值税专用发票　　№ 03475293

（全国统一发票监制章　××省　国家税务总局监制）

开票日期：20××年12月1日

购买方	名　　称：远东有限责任公司 纳税人识别号：912301036828392136 地 址、电 话：××省××市松江路36 号 84696123 开户行及账号：工行松江支行 3500040109002325768				密码区	略		
货物或应税劳务、服务名称	规格型号	单 位	数 量	单 价	金　额	税 率	税　额	
*广告服务*广告发布费					9 000.00	6%	540.00	
合　计					¥9 000.00		¥9 540.00	
价税合计（大写）	⊗玖仟伍佰肆拾元整				（小写） ¥9 540.00			
销售方	名　　称：虹彩广告有限责任公司 纳税人识别号：912301033281621249 地 址、电 话：××省××市××路××号87504397 开户行及账号：工行××省长江支行　047129515978851				备注	（虹彩广告有限责任公司　912301033281621249　发票专用章）		

收款人：　　复核：　　开票人：　　销售方：（章）

第二联：抵扣联　购货方抵扣凭证

表 5-62

支票存根

中国工商银行
转账支票存根
××××××××
××××××××
附加信息

出票日期 20××年 12 月 31 日

收款人：	彩虹广告有限责任公司
金　额：	¥9 540
用　途：	广告费

单位主管：×××　会计：×××

该项经济业务使销售费用增加了 9 000 元，应借记“销售费用”账户；支付增值税 540 元，应借记“应交税费——应交增值税（进项税额）”账户；银行存款减少了 9 540 元，应贷记“银行存款”账户。因此，该项经济业务应作如下会计分录：

借：销售费用——广告费　　9 000
　　应交税费——应交增值税（进项税额）　　540
　贷：银行存款　　9 540

根据上述分析结果、广告业专用发票和转账支票存根，填制记账凭证如表 5-63 所示。

表 5-63

记 账 凭 证

记字第 18 号

20××年 12 月 31 日

摘　要	总账科目	明细科目	借方金额（亿千百十万千百十元角分）	贷方金额（亿千百十万千百十元角分）	√
支付广告费	销售费用	广告费	900000		
	应交税费	应交增值税（进项税额）	54000		
	银行存款			954000	
合　　计			¥954000	¥954000	

附单据贰张

会计主管：　　记账：　　出纳：　　复核：　　制单：李萍

【任务 5-19】 12 月 31 日，计算应交城市维护建设税和教育费附加。财会人员根据“应交税费”账户中“应交增值税”和“应交消费税”两个明细账户的本期应交税费合计数，按税收有关规定，计算应交城市维护建设税和教育费附加。其中，该企业城市维护建设税的税率为 7%，教育费附加的征收率为 3%。其计算公式如下：

应交城市维护建设税＝(应交增值税＋应交消费税)×7%

应交教育费附加＝(应交增值税＋应交消费税)×3%

本企业应交增值税的销项税额合计为 67 600 元，进项税额合计为 62 409 元，贷方余额 5 191 元为应交未交增值税，下月交纳，其他明细账没有发生额。

根据上述计算公式填制城市维护建设税和教育费附加计算表，如表 5-64 所示。

表 5-64　　**城市维护建设税和教育费附加计算表**

20××年 12 月 31 日　　单位：元

项目	城市维护建设税			教育费附加		
	计税额	提取比例	提取额	计税额	提取比例	提取额
增值税	5 191	7%	363.37	5 191	3%	155.73
消费税	—	7%	—	—	3%	—
合 计	5 191	7%	363.37	5 191	3%	155.73

该项经济业务使税金及附加增加了 519.10 元，应借记“税金及附加”账户；使应交税费中的城市维护建设税和教育费附加分别增加 363.37 元和 155.73 元，应贷记“应交税费——城市维护建设税”“应交税费——教育费附加”账户。因此，该项经济业务应作如下会计分录：

借：税金及附加　　519.10

　贷：应交税费——应交城市维护建设税　　363.37

　　　　　　——应交教育费附加　　155.73

根据上述分析结果、城市维护建设税和教育费附加计算表，填制记账凭证如表 5-65 所示。

表 5-65

记账凭证　　记字第 19 号

20××年 12 月 31 日

摘要	总账科目	明细科目	借方金额	贷方金额	√
计提城市维护建设税和	税金及附加		51910		
教育费附加	应交税费	应交城市维护建设税		36337	
	应交税费	教育费附加		15573	
合　计			¥51910	¥51910	

附单据壹张

会计主管：　记账：　出纳：　复核：　制单：李萍

【任务 5-20】　12 月 31 日，计算并结转本月已销售甲产品的销售成本。根据产品出库单编制主营业务成本计算单，如表 5-66 和表 5-67 所示。

表 5-66

产品出库单

凭证编号：

用途：销售　　　　20××年 12 月 31 日　　　　产成品库：2 号库

类别	编号	名称及规模	计量单位	数量	单位成本	总成本	附加：
		甲产品	件	1 700	211.50	359 550	
合　计				1 700	211.50	359 550	

第二联：财务存根

记账：　　　　保管：　　　　检验：　　　　制单：杨玉

表 5-67

主营业务成本计算单

20××年 12 月 31 日　　　　单位：元

产品名称	销售数量	单位生产成本	销售成本总额
甲产品	1 700	211.50	359 550
合　计			359 550

该项经济业务使主营业务成本增加 359 550 元，应借记“主营业务成本”账户；使库存商品减少 359 550 元，应贷记“库存商品”账户。因此，该项经济业务应作如下会计分录：

借：主营业务成本——甲产品　　　　359 550

　贷：库存商品——甲产品　　　　359 550

按照上述分析结果、产品出库单和主营业务成本计算单，填制记账凭证如表 5-68 所示。

表 5-68

记 账 凭 证

记字第 20 号

20××年 12 月 31 日

摘　要	科目：总账科目	科目：明细科目	借方金额（亿千百十万千百十元角分）	贷方金额（亿千百十万千百十元角分）	√
结转已销产品成本	主营业务成本	甲产品	35955000		
	库存商品	甲产品		35955000	
合　计			¥35955000	¥35955000	

附单据贰张

会计主管：　　记账：　　出纳：　　复核：　　制单：李萍

【任务 5-21】　12 月 31 日，结转本月已销售 A 材料的实际成本。材料出库单如表 5-69 所示。

表 5-69

材料出库单

凭证编号：

用途：销售　　　　20××年 12 月 31 日　　　　材料库：1 号库

类别	编号	名称及规格	计量单位	数量	单价	金额	附加：
		A 材料	千克	500	20	10 000.00	
合　计			10 000.00	500	20	10 000.00	

第二联：记账联

该项经济业务使其他业务成本增加了 10 000 元，应借记“其他业务成本”账户；使原材料减少了 10 000 元，应贷记“原材料”账户。因此，该项经济业务应作如下会计分录：

借：其他业务成本　　　　10 000

　贷：原材料——A 材料　　　　10 000

根据上述分析结果和原始凭证，编制记账凭证如表 5-70 所示。

表 5-70

记 账 凭 证

记字第21 号

20××年 12 月 31 日

摘　要	科目：总账科目	科目：明细科目	借方金额（亿千百十万千百十元角分）	贷方金额（亿千百十万千百十元角分）	√
结转已销材料成本	其他业务成本	A 材料	1000000		
	原材料	A 材料		1000000	
合　计			¥1000000	¥1000000	

附单据壹张

会计主管：　　记账：　　出纳：　　复核：　　制单：李萍

学习子情境 6　核算财务成果业务

一、财务成果业务的核算内容

企业的财务成果又称利润，是指企业在一定会计期间的经营成果。利润包括收入减去费用后的净额、直接计入当期利润的利得和损失等。未计入当期利润的利得和损失扣除所得税影响后的净额计入其他综合收益。净利润与其他综合收益的合计金额就是综合收益总额。利得是指由企业非日常活动所形成的、会导致所有者权益增加的、与所有者投入资本无关的经济利益的流入。损失是指由企业非日常活动所发生的、会导致所有者权益减少的、与向所有者分配利润无关的经济利益的流出。企业要正确计算一定会计期间的利润。

（1）营业利润的计算公式如下：

营业利润＝营业收入－营业成本－税金及附加－销售费用－管理费用－财务费用＋其他收益＋投资收益＋公允价值变动收益＋信用减值损失（损失以“－”号填列）＋资产减值损失（损失以“－”号填列）

其中：

$$营业收入=主营业务收入+其他业务收入$$

$$营业成本=主营业务成本+其他业务成本$$

（2）利润总额的计算公式如下：

$$利润总额=营业利润+营业外收入-营业外支出$$

（3）净利润的计算公式如下：

$$净利润=利润总额-所得税费用$$

企业对实现的净利润，要按照国家有关规定进行分配，如提取盈余公积、向投资者分配利润、弥补亏损等。

因此，确定企业实现的净利润和对净利润进行分配，构成了企业财务成果业务核算的主要任务。

二、核算财务成果业务设置的账户

1．“本年利润”账户

“本年利润”账户用来核算企业实现的净利润（或发生的净亏损）。该账户是所有者权益类账户，其贷方登记期末从“主营业务收入”“其他业务收入”“营业外收入”和“投资收益”（投资净收益）等账户转入的数额，借方登记期末从“主营业务成本”“税金及附加”“其他业务成本”“销售费用”“管理费用”“财务费用”“营业外支出”“所得税费用”和“投资收益”（投资净损失）等账户转入的数额。年度终了，应将本年收入和支出相抵后结出本年实现的净利润，转入“利润分配”账户，贷记“利润分配——未分配利润”账户；如为净亏损，作相反的会计分录。期末结转后，该账户无余额。

2．“投资收益”账户

“投资收益”账户用来核算企业对外投资取得的收益或发生的损失。该账户是损益类账户，其贷方登记取得的投资收益或期末投资净损失的转出数，借方登记发生的投资损失和期末投资净收益的转出数。无论发生的是投资收益还是投资损失，期末都要结转到“本年利润”账户。期末结转后，该账户无余额。该账户应按照投资的种类设置明细账，进行明细分类核算。

3．“营业外收入”账户

“营业外收入”账户用来核算企业发生的与企业生产经营无直接关系的各项收入，主要包括非流动资产处置收入、非货币性资产交换收入、债务重组收入、政府补助、盘盈收入和捐赠收入等。该账户是损益类账户，其贷方登记企业发生的各项非营业收入；借方登记期末转入“本年利润”账户的营业外收入数；期末结转后，该账户无余额。该账户应按照收入项目设置明细账，进行明细分类核算。

4．“营业外支出”账户

“营业外支出”账户用来核算企业发生的与企业生产经营无直接关系的各项支出，包括非流动资产处置损失、非货币性资产交换损失、债务重组损失、公益性捐赠支出、非常损失等。该账户是损益类账户，其借方登记企业发生的各项支出数；贷方登记期末转入“本年利润”账户的营业外支出数；期末结转后，该账户无余额。该账户应按照支出项目设置明细账，进行明细分类核算。

5．“所得税费用”账户

“所得税费用”账户用来核算企业确认的应从当期利润总额中扣除的所得税费用。该账户是损益类账户，其借方登记企业按税法规定的根据应纳税所得额计算的应纳所得税额；贷方登记企业会计期末转入“本年利润”账户的所得税额；期末结转后，该账户无余额。该账户应按“当期所得税费用”“递延所得税费用”设置明细账，进行明细分类核算。

6.“利润分配”账户

“利润分配”账户用来核算企业利润的分配（或亏损的弥补）和历年分配（或弥补）后的积存余额。该账户是所有者权益类账户，其借方登记按规定实际分配的利润数，或年终时从“本年利润”账户的贷方转来的全年亏损总额；贷方登记年终时从“本年利润”账户借方转来的全年实现的净利润总额；年终贷方余额表示历年积存的未分配利润，如为借方余额，则表示历年积存的未弥补亏损。该账户应当分别按“提取法定盈余公积”“提取任意盈余公积”“盈余公积补亏”和“未分配利润”等设置明细账，进行明细分类核算。

7.“应付股利（或利润）”账户

“应付股利（或利润）”账户用来核算企业根据股东大会或类似机构审议确定分配的现金股利或利润。该账户是负债类账户，其贷方登记根据通过的股利或利润分配方案，应支付的现金股利或利润；借方登记实际支付数；期末贷方余额，表示企业应付未付的现金股利或利润。该账户应按投资者设置明细账，进行明细分类核算。

8.“盈余公积”账户

“盈余公积”账户用来核算企业从净利润中提取的盈余公积。该账户是所有者权益类账户，其贷方登记从净利润中提取的盈余公积；借方登记盈余公积的使用，如转增资本、弥补亏损等；期末贷方余额，表示企业结余的盈余公积。该账户应当分别按“法定盈余公积”“任意盈余公积”设置明细账，进行明细分类核算。

财务成果形成的账务处理程序，如图5-6所示。

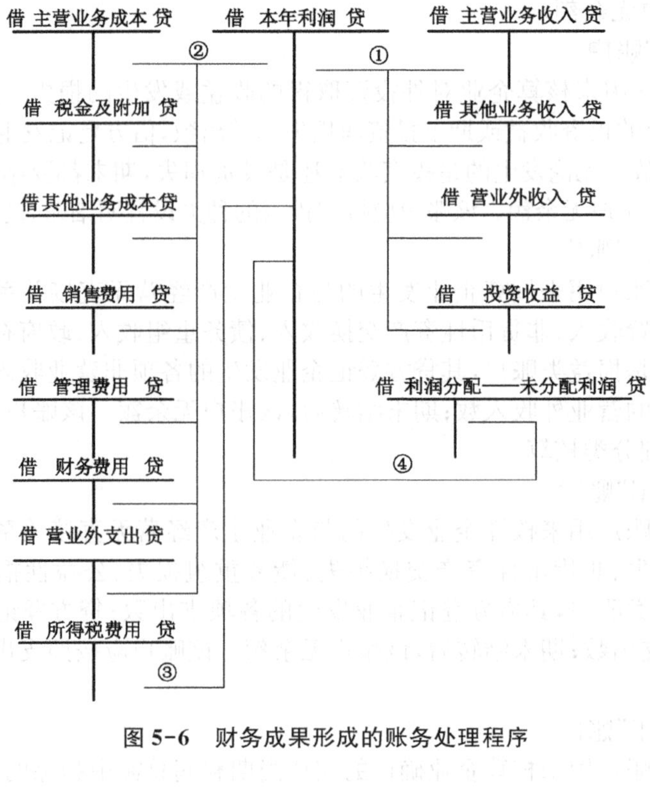

图5-6 财务成果形成的账务处理程序

说明：
① 期末结转本期各项收入。 ② 期末结转本期各项成本费用。 ③ 结转所得税费用。 ④ 结转本期实现的净利润。

请思考：增加和减少利润的渠道有哪些？利润分配的去向有哪些？

财务成果分配的账务处理程序如图 5-7 所示。

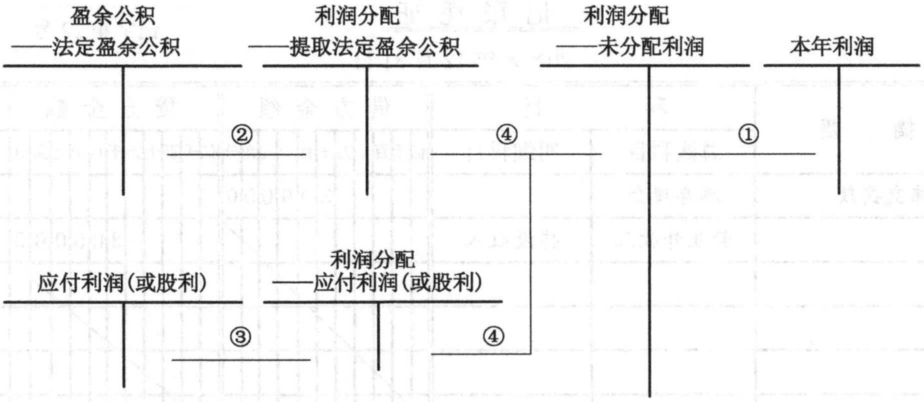

图 5-7　财务成果分配的账务处理程序

说明：

① 将“本年利润”账户余额转入“利润分配——未分配利润”账户。

② 提取法定盈余公积。

③ 向投资者分配利润。

④ 将“提取法定盈余公积”和“应付利润(或股利)”账户余额转至“利润分配——未分配利润”账户。

三、典型工作任务举例

【任务 5-22】 12 月 31 日，收到现金 3 000 元，该款系对职工王伟的罚款。填制现金收据，如表 5-71 所示。

表 5-71

现金收据

20××年 12 月 31 日

今收到 后勤职工王伟交来现金 人民币(大写) 叁仟元整　¥3 000.00 该款系 对职工王伟的罚款 单位盖章：远东有限责任公司 （印章：远东有限责任公司 财务专用章） 经手人：李萍	备注：

第二联：记账凭证

该项经济业务使库存现金增加了 3 000 元，应借记“库存现金”账户；使营业外收入增加了 3 000 元，应贷记“营业外收入”账户。因此，该项经济业务应作如下会计分录：

借：库存现金　　3 000

　贷：营业外收入　　3 000

根据上述分析结果和现金收据，编制记账凭证如表 5-72 所示。

表 5-72

记 账 凭 证

记字第 22 号

20××年 12 月 31 日

摘　　要	科目：总账科目	科目：明细科目	借方金额（亿千百十万千百十元角分）	贷方金额（亿千百十万千百十元角分）	√
王伟交罚款	库存现金		300000		
	营业外收入	罚没收入		300000	
合　　计			¥300000	¥300000	

附单据壹张

会计主管：　记账：　出纳：　复核：　制单：李萍

【任务 5-23】 12 月 31 日，开出转账支票一张，捐赠给贫困山区小学 4 000 元。转账支票存根如表 5-73 所示。收到行政事业性收费专用收款收据，如表 5-74 所示。

表 5-73

支票存根

中国工商银行
转账支票存根
××××××××
××××××××

附加信息

出票日期 20××年 12 月 31 日

收款人：	××县××小学
金　额：	¥4 000
用　途：	捐赠

单位主管：×××　会计：×××

表 5-74

行政事业性收费专用收款收据

20××年 12 月 31 日　　　　　　（　）费字第 16 号

交款单位	远东有限责任公司		收费许可证	字第 21 号	
收费项目	希望工程捐款				
计费标准					
收费金额	人民币（大写）肆仟元整 （小写）¥4 000				
收款单位	××小学校	收款人	刘芳	交款人	李萍

（印章：××小学 财务专用章）

该项经济业务使营业外支出增加了 4 000 元，应借记"营业外支出"账户；使银行存款减少了 4 000 元，应贷记"银行存款"账户。因此，该项经济业务应作如下会计分录：

借：营业外支出　　　　4 000
　贷：银行存款　　　　4 000

根据上述分析结果、支票存根和收据，编制记账凭证如表 5-75 所示。

表 5-75

记 账 凭 证

记字第 23 号

20××年 12 月 31 日

摘要	科目		借方金额（亿千百十万千百十元角分）	贷方金额（亿千百十万千百十元角分）	√
	总账科目	明细科目			
向希望工程捐款	营业外支出	希望工程	400000		
	银行存款			400000	
合计			¥400000	¥400000	

附单据贰张

会计主管：　　记账：　　出纳：　　复核：　　制单：李萍

【任务 5-24】 将本月发生的管理费用登记入账，如表 5-76 所示（其他账簿的登记此处略）。12 月 31 日期末结账前，各收支类账户的余额如表 5-77 所示。

表 5-76

管理费用明细账

单位:元

20××年		凭证号数	摘要	借方							贷方	借或贷	余额
月	日			办公费	物料消耗	工资	福利费	折旧费	差旅	合计			
12	22	记 7	管理用计算器	540						540		借	540
	31	记 8	耗用材料		1 400					1 400		借	1 940
	31	记 9	管理人员工资			20 000				20 000		借	21 940
	31	记 10	管理人员福利费				2 800			2 800		借	24 740
	31	记 11	固定资产折旧					2 900		2 900		借	27 640
	31	记 13	马宏报销差旅费						4 820	4 820		借	32 460

表 5-77

损益类账户本月累计发生额汇总表

20××年 12 月 31 日

单位:元

账户名称	借方金额	账户名称	贷方金额
主营业务成本	359 550.00	主营业务收入	510 000.00
税金及附加	519.10	其他业务收入	10 000.00
其他业务成本	10 000.00	营业外收入	3 000.00
营业外支出	4 000.00		
管理费用	32 460.00		
财务费用	2 000.00		
销售费用	9 000.00		
合　计	417 529.10	合　计	523 000.00

期末,企业的盈亏是通过“本年利润”账户借方发生额和贷方发生额的差额计算来完成的,损益类账户分为收入、费用两类不同性质的账户,所以会计人员应在期末将收入类账户的贷方发生额通过借方转至“本年利润”账户的贷方;将费用类账户的借方发生额通过贷方转至“本年利润”账户的借方。这样,企业本月发生的全部收入和全部费用都归集在“本年利润”账户,将“本年利润”账户贷方发生额和借方发生额对比,其差额即为本月实现的利润或亏损。该项经济业务应编制如下会计分录:

借:主营业务收入　　510 000
　　其他业务收入　　10 000
　　营业外收入　　3 000
　贷:本年利润　　523 000

同时:

借：本年利润　　417 529.10

　贷：主营业务成本　　359 550.00

　　税金及附加　　519.10

　　其他业务成本　　10 000.00

　　营业外支出　　4 000.00

　　管理费用　　32 460.00

　　财务费用　　2 000.00

　　销售费用　　9 000.00

营业利润＝(510 000＋10 000)－(359 550＋10 000)－519.10－32 460－2 000－9 000

＝106 470.90(元)

12 月份利润总额＝106 470.90＋3 000－4 000＝105 470.90(元)

根据上述分析结果，编制记账凭证如表 5-78 至表 5-80 所示。

表 5-78

记 账 凭 证

20××年 12 月 31 日　　记字第24 $\frac{1}{3}$ 号

摘要	科目		借方金额	贷方金额	√
	总账科目	明细科目	亿千百十万千百十元角分	亿千百十万千百十元角分	
结转至本年利润	主营业务收入	甲产品	51000000		
	其他业务收入	A 材料	1000000		
	营业外收入	罚没收入	300000		
	本年利润			52300000	
合计			¥52300000	¥52300000	

附单据壹张

会计主管：　　记账：　　出纳：　　复核：　　制单：李萍

表 5-79

记 账 凭 证

20××年 12 月 31 日　　记字第24 $\frac{2}{3}$ 号

摘要	科目		借方金额	贷方金额	√
	总账科目	明细科目	亿千百十万千百十元角分	亿千百十万千百十元角分	
结转至本年利润	本年利润		37406910		
(单据参见记 24 $\frac{1}{3}$)	主营业务成本	甲产品		35955000	
	税金及附加	应交城市维护建设税		36337	
	税金及附加	教育费附加		15573	
	其他业务成本	A 材料		1000000	
	营业外支出	捐赠		400000	
合计			¥37406910	¥37406910	

附单据见张

会计主管：　　记账：　　出纳：　　复核：　　制单：李萍

表 5-80

记 账 凭 证

记字第24$\frac{3}{3}$号

20××年 12 月 31 日

摘要	科目：总账科目	科目：明细科目	借方金额（亿千百十万千百十元角分）	贷方金额（亿千百十万千百十元角分）	√
结转至本年利润	本年利润		4346000		
(单据参见记24$\frac{1}{3}$)	管理费用			3246000	
	财务费用			200000	
	销售费用			900000	
合计			¥4346000	¥4346000	

附单据 张

会计主管： 记账： 出纳： 复核： 制单： 李萍

【任务 5-25】 12 月 31 日，按本月实现利润的 25%计算本月应交所得税（不考虑所得税前调整项目）。

财会人员根据“本年利润”账户实现的利润总额，按税收有关规定，计算本期应交所得税。应交所得税计算表，如表 5-81 所示。其计算公式如下：

企业应纳所得税额＝应纳税所得额×适用税率＝105 470.90×25%＝26 367.73(元)

表 5-81

应交所得税计算表

20××年 12 月 31 日

单位：元

应税项目	应纳税所得额	所得税税率	应纳所得税额
税前会计利润	105 470.90	25%	26 367.73
合 计			26 367.73

该项经济业务使所得税费用增加了 26 367.73 元，应借记“所得税费用”账户；使“应交税费——应交所得税”也增加了 26 367.73 元，应贷记“应交税费——应交所得税”账户。因此，该项经济业务应作如下会计分录：

借：所得税费用　　26 367.73

　贷：应交税费——应交所得税　　26 367.73

根据上述分析结果和应交所得税计算表，编制记账凭证如表 5-82 所示。

表 5-82

记 账 凭 证

记字第25号

20××年 12 月 31 日

摘　要	总账科目	明细科目	借方金额	贷方金额	√
计算所得税	所得税费用		2636773		
	应交税费	应交所得税		2636773	
合　计			¥2636773	¥2636773	

附单据壹张

会计主管：　　记账：　　出纳：　　复核：　　制单：李萍

【任务 5-26】 12 月 31 日，会计人员根据“所得税费用”账户余额编制内部转账单，如表 5-83 所示。并将“所得税费用”账户余额转入“本年利润”账户。

表 5-83

内部转账单

20××年 12 月 31 日

单位：元

摘　要	金　额
将“所得税费用”账户余额转入“本年利润”账户	26 367.73
合　计	26 367.73

该项经济业务使本年利润减少了 26 367.73 元，应借记“本年利润”账户；使所得税费用减少了 26 367.73 元，应贷记“所得税费用”账户。因此，该项经济业务应作如下会计分录：

借：本年利润　　26 367.73

　贷：所得税费用　　26 367.73

根据上述分析结果，财会人员编制记账凭证如表 5-84 所示。

表 5-84

记 账 凭 证

记字第26 号

20××年 12 月 31 日

摘　要	总账科目	明细科目	借方金额	贷方金额	√
结转至本年利润	本年利润		2636773		
	所得税费用			2636773	
合　计			¥2636773	¥2636773	

附单据壹张

会计主管：　　记账：　　出纳：　　复核：　　制单：李萍

【任务 5-27】 12 月 31 日，将本年实现的净利润 879 103.17 元转至“利润分配——未分配利润”账户。其中：1～11 月份实现净利润 800 000 元，12 月份实现净利润 79 103.17 元（105 470.90－26 367.73），如表 5-85 所示。

表 5-85

本年净利润表

单位：元

项　目	金　额
1～11 月	800 000
12 月	79 103.17
合　计	879 103.17

年末，“本年利润”账户应无余额，将“本年利润”账户的贷方余额从借方转出，借记“本年利润”账户，转至“利润分配——未分配利润”账户的贷方，贷记“利润分配”账户。该项经济业务应作如下会计分录：

借：本年利润　　879 103.17
　贷：利润分配——未分配利润　　879 103.17

根据上述分析结果和本年净利润表，编制转账凭证如表 5-86 所示。

表 5-86

记 账 凭 证

记字第27号

20××年 12 月 31 日

摘　要	科目：总账科目	科目：明细科目	借方金额	贷方金额	√
将本年利润	本年利润		87910317		
转至利润分配	利润分配	未分配利润		87910317	
合　计			¥87910317	¥87910317	

附单据壹张

会计主管：　记账：　出纳：　复核：　制单：李萍

【任务 5-28】 12 月 31 日，按本年实现净利润的 10％计提法定盈余公积 87 910.32 元，其计算如表 5-87 所示。

表 5-87

利润分配计算表(1)

20××年 12 月 31 日　　　　单位:元

项　目	全年实现净利润	提取比例	提取金额
提取法定盈余公积金	879 103.17	10%	87 910.32
合　计			87 910.32

该项经济业务使利润分配增加了 87 910.32 元,应借记“利润分配”账户;使盈余公积增加了 87 910.32 元,应贷记“盈余公积”账户。因此,该项经济业务应作如下会计分录:

借:利润分配——提取法定盈余公积　　　　87 910.32

　贷:盈余公积——法定盈余公积　　　　87 910.32

根据上述分析结果和利润分配计算表(1),编制记账凭证如表 5-88 所示。

表 5-88

记 账 凭 证

记字第28 号

20××年 12 月 31 日

摘　要	科目		借方金额											贷方金额											✓
	总账科目	明细科目	亿	千	百	十	万	千	百	十	元	角	分	亿	千	百	十	万	千	百	十	元	角	分	
提取法定盈余公积	利润分配	提取法定盈余公积					8	7	9	1	0	3	2												
	盈余公积	法定盈余公积																8	7	9	1	0	3	2	
合　　计						¥	8	7	9	1	0	3	2				¥	8	7	9	1	0	3	2	

附单据壹张

会计主管:　　记账:　　出纳:　　复核:　　制单:李萍

【任务 5-29】 12 月 31 日,根据有关规定及厂部会议决定,经大会批准,按本年净利润的 40%向投资者分配利润 351 641.27 元,如表 5-89 所示。

表 5-89

利润分配计算表(2)

20××年 12 月 31 日　　　　单位:元

项　目	全年实现净利润	提取比例	提取金额
向投资者分配利润	879 103.17	40%	351 641.27
合　计			351 641.27

该项经济业务使利润分配增加了 351 641.27 元,应借记“利润分配——应付利润”账户;使应付利润增加了 351 641.27 元,贷记“应付利润”账户。因此,该项经济业务应作如下会计分录:

借：利润分配——应付利润　　　　351 641.27
　贷：应付利润　　　　351 641.27

根据上述分析结果和利润分配计算表(2)，编制记账凭证如表 5-90 所示。

表 5-90

记 账 凭 证

记字第 29 号

20××年 12 月 31 日

摘　要	科目		借方金额（亿千百十万千百十元角分）	贷方金额（亿千百十万千百十元角分）	✓
	总账科目	明细科目			
向投资者分配利润	利润分配	应付利润	35164127		
	应付利润			35164127	
合　计			¥35164127	¥35164127	

附单据壹张

会计主管：　　记账：　　出纳：　　复核：　　制单：李萍

【任务 5-30】 12 月 31 日，结转"利润分配"账户所属的明细账户。利润分配明细表如表 5-91 所示。

表 5-91

利润分配明细表

单位：元

项　目	金　额
提取法定盈余公积	87 910.32
应付利润	351 641.27

该项经济业务将"利润分配——提取法定盈余公积""利润分配——应付利润"账户的借方余额从贷方转至"利润分配——未分配利润"账户的借方，使"利润分配——未分配利润"减少了 439 551.59 元，应借记"利润分配——未分配利润"账户；使"利润分配——提取法定盈余公积""利润分配——应付利润"分别减少了 87 910.32 元和 351 641.27 元，应贷记"利润分配——提取法定盈余公积""利润分配——应付利润"账户；结转后，除"利润分配——未分配利润"账户外，"利润分配"其他各个明细账户均无余额。"利润分配——未分配利润"账户如为贷方余额，反映企业未分配利润；如为借方余额，即为未弥补亏损。该项经济业务应作如下会计分录：

借：利润分配——未分配利润　　　　439 551.59
　贷：利润分配——提取法定盈余公积　　　　87 910.32
　　　　　　——应付利润　　　　351 641.27

根据上述分析结果，编制记账凭证如表 5-92 所示。

表 5-92

记账凭证

记字第30号

20××年12月31日

摘要	科目		借方金额	贷方金额	√
	总账科目	明细科目	亿千百十万千百十元角分	亿千百十万千百十元角分	
结转至未分配利润	利润分配	未分配利润	43955159		
	利润分配	提取法定盈余公积		8791032	
	利润分配	应付利润		35164127	
合计			¥43955159	¥43955159	

附单据壹张

会计主管： 记账： 出纳： 复核： 制单：李萍

本学习情境小结

会计凭证是指记录经济业务，明确经济责任，作为记账依据的书面证明。填制和审核会计凭证，是进行会计核算，实行会计监督的一种专门方法。

会计凭证按其填制的程序和用途不同，可以分为原始凭证和记账凭证两种。

原始凭证是指在经济业务发生或完成时取得或编制的，记录经济业务、明确经济责任、具有法律效力的书面证明。原始凭证是组织会计核算的原始资料，也是编制记账凭证的依据。

原始凭证按其取得来源的不同，分为自制原始凭证和外来原始凭证。

自制原始凭证是指由本单位经办业务部门的有关人员在经济业务发生或完成时填制的原始凭证。自制原始凭证按其填制手续不同，分为一次凭证、累计凭证和汇总凭证。

外来原始凭证是指在同外单位或个人发生经济往来时，从单位外部取得的原始凭证。外来原始凭证一般都是一次凭证。

记账凭证是指由会计人员根据审核无误的原始凭证或原始凭证汇总表填制的，确定经济业务应借、应贷会计科目名称和金额，作为登记账簿依据的会计凭证。

记账凭证按其记录的经济内容与货币资金是否有关，分为收款凭证、付款凭证和转账凭证。

记账凭证的填制，必须符合一定的规范，记账凭证填制后，在据以记账之前，必须由会计主管人员或其他指定人员对记账凭证进行严格审核。

会计凭证的传递是指会计凭证从填制或取得起，经过审核、记账、装订到归档为止，在有关部门和人员之间按规定的时间、路线办理业务手续和进行处理的过程。

会计凭证的保管是指会计凭证登记入账后的整理、装订归档和存查工作。

企业为了进行生产经营活动必须拥有一定数量的资金，作为生产经营活动的物质基础。投资者投入和向银行借入是企业资金筹集的主要渠道。

供应过程是生产的准备阶段。在这个过程中，企业要支付材料物资的买价和各种采购费用，确定材料采购成本。

生产过程是产品制造企业经营活动的主要过程。企业在一定时期内发生的用货币表现的生产耗费，称为费用。将计入产品成本的费用按一定种类和数量的产品进行分配和归集，就形成了产品的生产成本。

销售过程是企业生产经营活动的最后阶段。在这个阶段，制造企业要将生产过程中生产的产品销售出去，收回货币资金，以保证企业再生产活动的顺利进行。

企业的财务成果是指企业的净利润（或净亏损），是衡量企业经营管理的主要综合性指标。进行财务成果核算的一个重要任务，就是正确计算企业在一定会计期间内的盈亏。企业实现的净利润，要按照国家有关规定进行分配，提取盈余公积，向投资者分配利润和弥补亏损等。

同步实训

一、单选题

1. 会计凭证是（　　）的依据。

A. 编制报表　B. 业务活动　C. 登记账簿　D. 原始凭证

2. 下列各项中，具有法律效力的是（　　）。

A. 原始凭证　B. 记账凭证　C. 账簿　D. 会计报表

3. 下列各项中，不能计入产品成本的是（　　）。

A. 制造费用　B. 管理费用　C. 直接人工　D. 直接材料

4. 固定资产因损耗而减少的价值，应记入（　　）账户的贷方。

A. “累计折旧”　B. “制造费用”　C. “管理费用”　D. “固定资产”

5. 短期借款的利息应记入（　　）账户。

A. “制造费用”　B. “管理费用”　C. “销售费用”　D. “财务费用”

二、多选题

1. 会计凭证按其填制的程序和用途不同，分为（　　）。

A. 一次凭证　B. 累计凭证　C. 原始凭证　D. 记账凭证

2. 原始凭证按其取得来源的不同，分为（　　）。

A. 自制原始凭证　B. 外来原始凭证　C. 一次凭证　D. 累计凭证

3. 记账凭证按记录的经济内容与货币资金是否有关，分为（　　）。

A. 原始凭证　B. 收款凭证　C. 付款凭证　D. 转账凭证

4. 构成一般纳税人材料采购成本的有（　　）。

A. 买价　B. 采购员差旅费　C. 采购费用　D. 增值税进项税额

5. 下列各项中，属于期间费用的有（　　）。

A. 制造费用　B. 管理费用　C. 财务费用　D. 销售费用

三、判断题

1. 企业每项经济业务的发生都必须从外部取得原始凭证。（　　）

2. 企业财务部门人员工资应计入产品成本。（　　）

3. 用来核算企业实现的净利润或发生的净亏损的账户是“本年利润”账户。 （ ）

4. “所得税费用”账户用来核算企业所负担的所得税，其期末余额在借方，属于资产类账户。 （ ）

5. 年终“利润分配”账户结转后，只剩一个“未分配利润”明细账户。 （ ）

四、业务题

（一）目的

练习企业经营过程综合业务的会计处理。

（二）资料

佳吉股份有限公司20××年12月有关账户期初余额如表5-93所示。

表5-93 **佳吉股份公司总分类账户余额**

20××年11月30日 单位：元

资 产	金 额	负债和所有者权益	金 额
库存现金	3 000	短期借款	22 000
银行存款	60 000	应付账款	27 000
应收账款	16 500	长期借款	40 500
原材料	30 000	实收资本	540 000
固定资产	800 000	未分配利润	280 000
合 计	909 500	合 计	909 500

佳吉股份有限公司20××年12月份发生的业务如下：

1. 2日，收到飞达投资公司投资款2 000 000元，已存入银行。

2. 2日，收到飞达投资公司按投资协议投入的新设备一台，价值200 000元，专利技术一项，作价100 000元。

3. 4日，向银行申请取得短期流动资金贷款200 000元，已存入银行。

4. 6日，购进甲材料2 000千克，单价6元，乙材料4 000千克，单价4元，增值税税率为13%，两种材料运费600元，增值税税率为9%，增值税额为54元（运费按重量比例进行分配），款项已由银行存款支付，材料尚未到达企业。

5. 8日，甲、乙两种材料均已到达并验收入库，计算甲、乙材料采购成本。

6. 9日，车间生产A产品领用材料20 000元，生产B产品领用材料15 000元，车间管理部门一般耗用材料1 600元，厂部管理部门耗用材料900元。

7. 18日，采购员刘宁预借差旅费现金4 000元。

8. 31日，结算本月应付职工工资70 000元，其中：生产A产品的工人工资为40 000元，生产B产品的工人工资为20 000元，车间管理人员工资为4 500元，厂部管理人员工资为5 500元。

9. 31日，按职工工资总额的14%计提职工福利费。

10. 31日，按规定计提本月固定资产折旧3 270元，其中：生产车间固定资产折旧额为1 270元，管理部门固定资产折旧额为2 000元。

11. 31日，计提当月应负担的银行借款利息1 500元。

12. 31日，以银行存款1 900元支付水电费，其中：车间管理部门耗用水电费1 000元，厂部管理部门耗用水电费 900 元(注:此处增值税略)。

13. 31 日,采购员刘宁出差归来报销差旅费 3 800 元,交回剩余现金。

14. 31 日,将本月发生的制造费用按生产 A、B 产品的工人工资比例进行分配,计入 A、B 两种产品的生产成本。

15. 31 日,本月 A 产品 400 件已全部完工,并已验收入库,计算并结转 A 产品的生产成本。

16. 31 日,企业出售 A 产品 300 件,单位售价 280 元,货款 84 000 元,增值税税率 13%,增值税额 10 920 元,价税合计 94 920 元,开出增值税专用发票,产品已经发出,收到购货方开来的转账支票并已送存银行。

17. 31 日,出售不需用的甲材料 200 千克,开出增值税专用发票一张,售价 5 000 元,增值税额 650 元,款项已存入银行。

18. 31 日,开出转账支票一张 5 300 元,支付电视台广告费 5 000 元及增值税 300 元(广告费增值税税率 6%)。

19. 31 日,计算本月应负担的应交城市维护建设税和教育费附加 757.60 元,其中:城市维护建设税 530.32 元,教育费附加 227.28 元。

20. 31 日,本月已销售 A 产品的单位生产成本为 179 元,结转已售 300 件 A 产品的销售成本。

21. 31 日,结转本月已销售甲材料的实际成本 4 000 元。

22. 31 日,收到现金 1 000 元,该款系对职工王明的罚款。

23. 31 日,开出转账支票一张,捐赠给希望工程 2 000 元。

24. 31 日,结转各收支类账户的余额。

25. 31 日,按本月实现利润的 25%计算本月应交纳的所得税。

26. 31 日,将“所得税费用”账户余额转入“本年利润”账户。

27. 31 日,将本年实现的净利润结转至“利润分配——未分配利润”账户。其中:1~11 月份实现净利润 73 120.70 元。

28. 31 日,按本年实现净利润的 10%计提法定盈余公积。

29. 31 日,按本年净利润的 30%向投资者分配利润。

30. 31 日,结转“利润分配”账户所属的各明细账户。

(三) 要求

1. 说明该经济业务应填制的原始凭证名称或是否有原始凭证。

2. 对第 1~第 3 笔筹集资金业务,编制会计分录,填制记账凭证。

3. 对第 4~第 6 笔供应过程业务,计算材料采购成本,编制会计分录,填制记账凭证。

3. 对第 7~第 15 笔生产过程业务,计算产品生产成本,编制会计分录,填制记账凭证。

4. 对第 16~第 21 笔销售过程业务,编制会计分录,填制记账凭证。

5. 对第 22~第 30 笔财务成果业务,核算利润的形成和分配业务,编制会计分录,填制记账凭证。

学习情境 6

设置和登记会计账簿

教学目标

知识

1. 设置和登记各类会计账簿；
2. 更正错账、清查财产、对账和结账；

技能

3. 能正确地设置各类会计账簿；
4. 能准确地登记各类会计账簿；
5. 能更正错账和进行财产清查；

素养

6. 形成遵守职业规范、严肃、认真的工作习惯。

情境学习导图

- 设置和登记会计账簿
  - 设置和启用会计账簿
    - 会计账簿的概念和意义
    - 会计账簿的种类
    - 设置会计账簿的原则
    - 会计账簿的基本内容
    - 启用会计账簿
  - 登记会计账簿
    - 登记会计账簿的规则
    - 登记日记账
    - 登记明细账
    - 登记总账
    - 总账和明细账的关系及其平行登记
    - 更正错账
  - 清查财产
    - 清查财产的意义
    - 清查财产的方式
    - 财产物资的盘存制度
    - 清查财产的方法
    - 清查财产结果的账务处理
  - 对账和结账
    - 对账
    - 结账
  - 更换和保管会计账簿
    - 更换会计账簿
    - 保管会计账簿

学习子情境1 设置和启用会计账簿

一、会计账簿的概念和意义

(一) 会计账簿的概念

会计账簿简称账簿，是指由一定格式的账页组成的，以经过审核的会计凭证为依据，完整、连续、系统地记录各项经济业务的簿籍。在会计实务中，将会计科目填入某个账页后，该账页就是记录、核算该会计科目所规定的核算内容的账户。

(二) 会计账簿的意义

会计账簿和会计凭证都是记录经济业务的会计资料，但两者记录的方式不同。会计凭证对经济业务的记录是零散的，不能全面、连续、系统地反映和监督经济业务的内容；会计账簿对经济业务的记录是分类、序时、全面、连续的，能够把分散在会计凭证中的大量核算资料加以集中，为经营管理提供系统、完整的核算资料。

在整个会计核算体系中，账簿是一个中间环节，对于会计凭证和会计报表来说，账簿起承前启后的作用。会计凭证记载的经济业务，需要通过账簿来加以归类整理，使之系统化和条理化；会计报表所提供的各项指标，需要依靠账簿记录通过一定方法的核算后才能提供。因此，科学地设置和正确地登记账簿，对充分发挥会计的作用具有重要的意义。

(1) 设置和登记账簿，可以系统地归纳和积累会计核算资料，为改善经营管理、合理使用资金提供资料。账簿的序时核算和分类核算，可以把企业经营活动情况，收入的构成和支出情况，财产物资的购置、使用、保管情况，系统、全面地反映出来，用于监督计划、预算的执行情况和资金的合理有效使用，促使企业改善经营管理。

(2) 设置和登记账簿，可以为计算财务成果与编制会计报表提供依据。根据账簿记录的费用成本、收入和成果资料，可以计算一定时期的财务成果及分配情况，检查费用、成本、利润计划的完成情况。经核对无误的账簿资料及其加工的数据，为编制会计报表提供总括和具体的资料，是编制会计报表的主要依据。

(3) 设置和登记账簿，利用账簿提供的核算资料，可以为开展财务分析和会计检查提供依据。对账簿提供的各项资料及时进行检查、分析，可以了解企业贯彻有关方针、政策、制度的情况，可以考核各项计划的完成情况。另外，对资金使用是否合理，费用开支是否严格按标准执行，利润的形成与分配是否符合规定，经济效益是否提高等进行分析，作出评价，从而找出差距，提出改进的措施和建议，以提高企业的经济效益。

二、会计账簿的种类

会计核算中应用的账簿很多，不同的账簿，其用途、形式、内容和登记方法各不相同。为了更好地了解和使用各种账簿，需要对账簿进行必要的分类。账簿的分类一般有以下三种方法。

(一)账簿按用途分类

账簿按用途分类，分为序时账簿、分类账簿和备查账簿。

1. 序时账簿

序时账簿又称日记账，是指按照经济业务发生时间的先后顺序，逐日逐笔登记的账簿。在我国企业和行政事业单位，现金日记账和银行存款日记账是应用比较广泛的日记账。

2. 分类账簿

分类账簿又称分类账，是指按照分类账户设置登记的账簿。分类账簿是会计账簿的主体，也是编制财务报表的主要依据。分类账簿按其反映经济业务的详细程度，可分为总分类账簿和明细分类账簿两种：

(1) 总分类账簿简称总账，是指根据总分类账户开设的，总括地反映某类经济活动的账簿。总分类账簿主要为编制财务报表提供直接数据资料。总账通常采用三栏式。

(2) 明细分类账簿简称明细账，是指根据明细分类账户开设的，用来提供明细核算资料的账簿。明细分类账是对总账的补充和具体化，并受总分类账的控制和统驭。明细账通常采用三栏式和数量金额式。

3. 备查账簿

备查账簿又称辅助登记簿或补充登记簿，是指对某些在序时账簿和分类账簿中未能记载或记载不全的经济业务进行补充登记的账簿。常用的备查账簿有“租入固定资产登记簿”“代管商品物资登记簿”等。备查账簿只是对其他账簿记录的一种补充，与其他账簿之间不存在严密的依存和勾稽关系，可根据企业的实际需要进行设置，没有固定的格式。

(二)账簿按外形特征分类

账簿按外形特征分类，分为订本式账簿、活页式账簿和卡片式账簿。

1. 订本式账簿

订本式账簿简称订本账，是在启用前将编有顺序页码的一定数量账页装订成册的账簿。订本账的优点是可以避免账页散失和防止抽换账页；缺点是不能准确为各账户预留账页。订本账主要适用于重要的现金日记账、银行存款日记账和总账。

2. 活页式账簿

活页式账簿简称活页账，是将一定数量的账页置于活页夹内，可根据记账内容的变化随时增加或减少部分账页的账簿。活页账的优点是记账时可以根据实际需要，随时将空白账页装入账簿，或抽去不需要的账页，便于分工记账；缺点是如果管理不善，容易造成账页散失或故意抽换账页。活页账一般适用于明细账。

3. 卡片式账簿

卡片式账簿简称卡片账，是将一定数量的卡片式账页存放于专设的卡片箱中，根据需要随时增添账页的账簿。在我国，企业一般只对固定资产的核算采用卡片账形式，也有少数企业在材料核算中使用材料卡片。

(三)账簿按账页格式分类

账簿按账页格式分类，分为三栏式账簿、多栏式账簿和数量金额式账簿。

1. 三栏式账簿

三栏式账簿是设有借方、贷方和余额三个金额栏目的账簿。三栏式账簿又分为设置对方科目和不设置对方科目两种。三栏式账簿只提供价值核算信息，不需要提供数量核算信息，如总账、现金日记账、银行存款日记账、债权债务明细账等。

2. 多栏式账簿

多栏式账簿是在账簿的借方和贷方的某一方或借贷两方下面分设若干栏目，详细反映借贷方金额组成情况的账簿。这种格式适用于核算项目较多，且管理上要求提供各核算项目详细信息的账簿，收入、成本和费用明细账一般采用多栏式账簿。

3. 数量金额式账簿

数量金额式账簿是在账簿的借方、贷方和余额三个栏目内，再分别设置数量、单价和金额三个小栏目，借以反映财产物资的实物数量和价值量的账簿。原材料和库存商品一般采用数量金额式账簿。

三、设置会计账簿的原则

为便于记账、查账、充分发挥账簿的作用，账簿的设置应科学、合理、组织严密、层次分明，并能清晰地反映账户之间的对应关系。

账簿的设置应遵循以下原则：

(1) 满足需要。账簿应全面反映企业的财务收支情况，其设置应适应企业的规模和特点，以符合企业管理的需要。

(2) 组织严密。账簿组织应当严密，既要避免重复设账，又要避免遗漏或盲目简化；各种账簿既要明确分工，又要相互衔接；有关账簿之间还要有统制关系(从属关系)或平等的制约关系。只有这样，才能保证账簿记录全面、系统，才能为经营管理和编制会计报表提供所需要的正确指标数据。

(3) 精简灵便。账簿设置应在保证账簿记录系统完整的前提下，力求精简，以节省人力、物力，提高会计工作效率。账簿中账页的格式应简单明了，账本册数不宜过多，账页不宜过大，避免繁琐，这样账册灵便，便于日常使用和日后保管。

(4) 切合实际。账簿设置要从实际出发，要有利于会计分工并加强会计岗位责任，要便于企业领导和上级主管部门查阅和检查工作，要考虑单位规模大小、业务繁简、会计机构设置和会计人员配备。

四、会计账簿的基本内容

账簿格式多种多样，各种账簿所记录的经济业务不同，但它们一般都具备下列基本内容。

1. 封面

封面主要标明账簿名称，如总分类账、现金日记账等。

2. 扉页

扉页主要列明账户目录、账簿使用登记表，一般将账户目录列于账簿最前面，将账簿使用登记表列于账户目录后面(活页账、卡片账装订成册后，应填列账簿使用登记表)。账簿使用登记表主要列明会计账簿的使用信息，内容包括使用单位、账簿名称、账簿页数、启用日期、责任者、经管人姓名及交接日期、备注等。账户目录、账簿使用登记表的格式如表 6-1 和表 6-2 所示。

表 6-1　　　　　　　　　　　　　　　账户目录

页数	科目	页数	科目	页数	科目	页数	科目

表 6-2　　　　　　　　　　　　　　账簿使用登记表

<table>
<tr><td colspan="2">使用单位</td><td colspan="5"></td></tr>
<tr><td colspan="2">账簿名称</td><td colspan="5"></td></tr>
<tr><td colspan="2">账簿页数</td><td colspan="5">本账簿共计　　页　　　本账簿共计　　号</td></tr>
<tr><td colspan="2">启用日期</td><td colspan="5">自　　年　　月　　日　　　至　　年　　月　　日</td></tr>
<tr><td rowspan="2">责任者</td><td>主　管</td><td colspan="2">会　计</td><td>记　账</td><td colspan="2">审　核</td></tr>
<tr><td></td><td colspan="2"></td><td></td><td colspan="2"></td></tr>
<tr><td rowspan="8">经管人姓名及接交日期</td><td rowspan="2"></td><td colspan="2">经管　　年　　月　　日</td><td rowspan="8"></td><td colspan="2" rowspan="8"></td></tr>
<tr><td colspan="2">交出　　年　　月　　日</td></tr>
<tr><td rowspan="2"></td><td colspan="2">接管　　年　　月　　日</td></tr>
<tr><td colspan="2">交出　　年　　月　　日</td></tr>
<tr><td rowspan="2"></td><td colspan="2">接管　　年　　月　　日</td></tr>
<tr><td colspan="2">交出　　年　　月　　日</td></tr>
<tr><td rowspan="2"></td><td colspan="2">接管　　年　　月　　日</td></tr>
<tr><td colspan="2">交出　　年　　月　　日</td></tr>
<tr><td>备注</td><td colspan="6"></td></tr>
</table>

3. 账页

账簿是由若干张账页组成的，账页的格式，虽然因记录经济业务的内容不同而有所不同，但不同格式的账页应具备的基本内容却是相同的。账页的基本内容应包括以下内容：

(1) 账户的名称(总账科目、二级或三级明细科目)。

(2) 登账日期栏。

(3) 凭证种类和号数栏。

(4) 摘要栏(记录经济业务内容的简要说明)。

(5) 金额栏(记录账户的增减变动及结果)。

(6) 总页次和分户页次。

五、启用会计账簿

启用会计账簿时，应按以下规定进行：

(1) 在账簿封面上写明单位名称和账簿名称。

(2) 填写账户目录和账簿使用登记表。

(3) 粘贴印花税票。粘贴印花税票的账簿，印花税票一律粘在账簿扉页启用表的右上角，并在印花税票中间划两根出头的横线，以示注销；使用缴款书上缴印花税，在账簿扉页启用表上的左上角注明“印花税已缴”及缴款金额。缴款书作为记账凭证的原始凭证登记入账。

学习子情境 2　登记会计账簿

一、登记会计账簿的规则

(1) 登记账簿时，应将会计凭证日期、编号、业务内容摘要、金额和其他有关资料逐项记入账内，做到数字准确，摘要清楚，登记及时。

(2) 账簿登记完毕，应在记账凭证的“过账”栏内注明账簿的页数或作出“√”符号，表示已登记入账，以免重登、漏登，也便于查阅、核对，并在记账凭证上签名或盖章。

(3) 账簿中书写的文字和数字上面要留适当空距，不要写满格，一般应占格高的$\frac{1}{2}$，以便一旦发生登账错误，可以在空距处更正错账。

(4) 为了使账簿记录清楚，防止涂改，记账时必须用蓝、黑墨水书写。不得使用圆珠笔(符合使用规定的圆珠笔除外)或铅笔书写。红色墨水只能在结账划线、改错和冲账时使用。

(5) 各种账簿必须按事先编写的页码，逐页、逐行顺序连续登记，不得隔页、跳行。如不慎发生这种情况，应在空页或空行处用红色墨水对角划线注销，并注明“作废”字样，同时由经手人员盖章。对各种账簿的账页不得任意抽换和撕毁，以防舞弊。

(6) 凡需要结出余额的账户，结出余额后，应在“借或贷”栏内写明“借”或“贷”等字样。没有余额的账户，应在“借或贷”栏内写“平”字，并在余额栏内用“θ”表示。现金日记账和银行存款日记账必须逐日结出余额。

(7) 每一账页登记完毕，应在账页的最末一行加计本页发生额及余额，并在摘要栏内注明“过次页”，同时，在新账页的第一行记入前一页最末一行加计的发生额及余额，并在摘要栏内注明“承前页”，以便对账和结账。

(8) 账簿记录发生错误时，不得刮、擦、挖补，随意涂改或用褪色药水更改字迹，应根据错误的情况，按规定的方法进行更正。

二、登记日记账

1. 登记现金日记账

现金日记账是由出纳人员根据审核无误的现金收付款凭证逐日、逐笔登记的，并应做到日清月结；每日终了，出纳人员应将当日账面结存数与库存现金数核对相符。当企业从银行提取现金时，收入的现金数应根据银行存款付款凭证登记。现金日记账应采用订本式账簿，账簿的格式有三栏式和多栏式两种。三栏式现金日记账的格式和登记如表 6-3 所示(表 6-3 是根据学习情境 5 的业务来登记的)。

表 6-3

现金日记账

3

20××年 月	日	凭证号数	摘要	借方（亿千百十万千百十元角分）	贷方（亿千百十万千百十元角分）	借或贷	余额（亿千百十万千百十元角分）
12	1		期初余额			借	1200000
	18	记6	马宏借差旅费		500000	借	700000
	31	记13	马宏报销交回现金	18000		借	718000
	31	记22	王伟交罚款	300000		借	1018000
12	31		本月合计	318000	500000	借	1018000

2. 登记银行存款日记账

银行存款日记账是由出纳人员根据审核无误的银行存款收付款凭证逐笔按顺序登记的。当企业把现金存入银行时，收入的存款，应根据现金付款凭证登记。银行存款日记账也采用订本式账簿，账簿的格式也有三栏式和多栏式两种。其格式和登记方法与现金日记账基本相同。三栏式银行存款日记账的格式和登记如表 6-4 所示（表 6-4 是根据学习情境 5 的业务来登记的）。

表 6-4

银行存款日记账

4

20××年 月	日	凭证号数	摘要	结算号码	借方（亿千百十万千百十元角分）	贷方（亿千百十万千百十元角分）	借或贷	余额（亿千百十万千百十元角分）
12	1		期初余额				借	2000000
	1	记1	收到投资款	621	100000000		借	102000000
	1	记3	向银行借款	622	30000000		借	132000000
	3	记4	购材料	751		54175200	借	77824800
	22	记7	购计算器	752		101700	借	77723100
	31	记16	销售甲产品	623	57630000		借	135353100
	31	记17	销售A材料	624	1130000		借	136483100
	31	记18	支付广告费	755		954000	借	135529100
	31	记23	向希望工程捐款	756		400000	借	135129100
12	31		本月合计		188760000	55630900	借	135129100

三、登记明细账

1. 登记三栏式明细账

三栏式明细账的账页，只设有借方、贷方和余额三个金额栏，不设置数量栏。这种格式适用于只需要进行金额核算而不需要进行数量核算的明细账，如“应收账款”“应付账款”“预收账款”“预付账款”等债权债务结算账户的明细分类核算。三栏式明细账的格式如表 6-5 所示。

表 6-5

明细账

总页______ 分页______
户名______

明细科目名称

年		凭证号数	摘要	借方									贷方									借或贷	余额									√
月	日			百	十	万	仟	百	十	元	角	分	百	十	万	仟	百	十	元	角	分		百	十	万	仟	百	十	元	角	分	

2. 登记数量金额式明细账

数量金额式明细账的账页，在借方、贷方和余额栏目中均设有数量、单价和金额栏。这种格式适用于既要进行金额核算，又要进行数量核算的明细账，如“原材料”“库存商品”等账户的明细分类核算。数量金额式明细账的格式如表 6-6 所示。

表 6-6

编号	总页次
页次	

明细账

货物名称______单位______ 存放地点______

年		凭证号数	摘要	借方										贷方										余额									
				数量	单价	金额								数量	单价	金额								数量	单价	金额							
月	日					十	万	仟	百	十	元	角	分			十	万	仟	百	十	元	角	分			十	万	仟	百	十	元	角	分

3. 登记多栏式明细账

多栏式明细账与以上两种明细账不同。它不是按照有关的明细科目分设账页，而是在一张账页内按有关明细科目或项目分设若干专栏，以便在同一张账页上集中反映各类明细科目或项目的核算资料。与明细账登记经济业务不同，多栏式明细账的账页又分为借方多栏、贷方多栏和借贷方均多栏三种格式。这种格式通常适用于成本类、费用类、收入类和经营成果类账户的明细分类核算。

多栏式明细账的账页格式，如表 6-7 和表 6-8 所示。

表 6-7

总账科目＿＿＿＿
产品名称＿＿＿＿
规格型号＿＿＿＿
计量单位＿＿＿＿

生 产 成 本 明 细 账

第　　页
连续第　　页

年		凭证号数	摘　要	合　计	成本项目			
					直接材料	直接人工	制造费用	
月	日			千百十万千百十元角分	百十万千百十元角分	百十万千百十元角分	百十万千百十元角分	百十万千百十元角分

表 6-8

应交税费（应交增值税）明细账

第　　页
连续第　　页

年		凭证号数	摘　要	借　方			贷　方			借或贷	余　额
				合计	进项税额	已交税金	合　计	销项税额	进项税额转出		
月	日			千百十万千百十元角分	千百十万千百十元角分	千百十万千百十元角分	万千百十万千百十元角分	千百十万千百十元角分	千百十万千百十元角分		千百十万千百十元角

对明细账的登记，会计人员应根据企业业务量的大小和经营管理上的需要而定，可以根据原始凭证、汇总原始凭证及记账凭证逐笔登记，也可以根据这些凭证逐日或定期汇总登记。

四、登记总账

总账可以直接根据各种记账凭证逐笔进行登记，也可以把各种记账凭证先按一定方式进行汇总，然后据以登记账簿。总账到底根据什么登记，究竟采用哪一种形式，取决于企业所采用的账务处理程序。

总账一般采用借、贷、余三栏式的订本式账簿。总账格式如表 6-9 所示。

表 6-9

总　　账

会计科目 ________

年		凭证号数	摘要	借方											贷方											借或贷	余额										
月	日			亿	千	百	十	万	千	百	十	元	角	分	亿	千	百	十	万	千	百	十	元	角	分		亿	千	百	十	万	千	百	十	元	角	分

(一) 账务处理程序

1. 账务处理程序概述

1）账务处理程序的概念

账务处理程序又称会计核算程序，是指对会计数据的记录、归类、汇总、呈报的步骤和方法。即从原始凭证的整理、汇总，记账凭证的填制、汇总，日记账、明细账、总账的登记，到会计报表的编制的步骤和方法。科学地组织账务处理程序，对提高会计核算的质量和会计工作的效率，充分发挥会计职能，具有重要意义。

2）账务处理程序的意义

一个单位的性质、规模和业务繁简程度决定其适用的账务处理程序。不同的账务处理程序，对会计凭证、登记总分类账的依据及方法的要求也不同。为此，各单位必须从各自的实际情况出发，科学地组织本单位账务处理程序，以保证会计核算工作高效、高质，充分发挥会计核算与监督职能，并为会计参与企业经营决策打下良好基础，更好地发挥会计的管理职能。

2. 设计账务处理程序的要求

确定合理、适用的账务处理程序，一般应符合以下三项要求：

（1）应与本单位的性质、规模和业务的繁简等相适应，以保证会计核算的顺利进行。

（2）应及时提供准确、系统和全面的会计核算资料，以满足本单位、主管部门及国家管理经济的需要。

（3）在保证核算资料及时、准确的基础上，力求提高会计核算的效率，节省核算费用。

3. 账务处理程序的种类及一般程序

根据上述要求，结合我国会计工作的实际情况，各单位常用的账务处理程序有记账凭证账务处理程序、科目汇总表账务处理程序和汇总记账凭证账务处理程序等。这些账务处理程序有很多相同点，但也有区别。上述各种账务处理程序的相同点包括以下内容：

（1）根据原始凭证或汇总原始凭证，填制各种记账凭证。

（2）根据原始凭证、汇总原始凭证和记账凭证，登记各种明细账。

（3）根据现金和银行存款的收付款凭证，分别登记现金日记账和银行存款日记账。

（4）根据记账凭证或先将记账凭证按一定方式进行汇总后，登记总账。

（5）月终，将现金日记账、银行存款日记账的余额，以及各种明细账的余额合计数，分别与总账中有关科目的余额核对相符。

(6) 月终，根据已核对、准确无误的总账和明细账的记录，编制会计报表。

各种账务处理程序之间的区别主要是登记总账的依据和方法不同。

本学习情境主要介绍记账凭证和科目汇总表账务处理程序。

（二）记账凭证账务处理程序

1. 记账凭证账务处理程序的特点

记账凭证账务处理程序是指对发生的经济业务事项，根据原始凭证或汇总原始凭证编制记账凭证，然后据以逐笔登记总账，并定期编制会计报表的一种账务处理程序。其特点是直接根据记账凭证逐笔登记总账。记账凭证账务处理程序是最基本的账务处理程序，其他各种账务处理程序都是在此基础上发展而来的。记账凭证账务处理程序示例如表 6-10 和表 6-11 所示。

请思考：记账凭证账务处理程序的特点是什么？

表 6-10

记 账 凭 证

记字第3号

20××年 12 月 1 日

摘　要	科目		借方金额	贷方金额	√
	总账科目	明细科目	亿千百十万千百十元角分	亿千百十万千百十元角分	
向银行借款	银行存款		30000000		
	短期借款	流动资金借款		30000000	
合　计			¥30000000	¥30000000	

附单据叁张

会计主管：　记账：　出纳：　复核：　制单：李丹

表 6-11

总　　账

会计科目 短期借款

20××年 月	日	凭证号数	摘　要	借方 亿千百十万千百十元角分	贷方 亿千百十万千百十元角分	核对号	借或贷	余额 亿千百十万千百十元角分
12	1		期初余额				贷	100000
	1	记3	取得短期借款		30000000		贷	30100000
12	31		本月合计		30000000		贷	30100000

2. 记账凭证账务处理程序下记账凭证和账簿的设置

1) 记账凭证的设置

在记账凭证账务处理程序下，记账凭证可以采用收款凭证、付款凭证和转账凭证，也可以采用通用记账凭证。

2) 会计账簿的设置

在记账凭证账务处理程序下，应设置现金日记账、银行存款日记账、明细账和总账。现金日记账、银行存款日记账和总账均可采用三栏式；明细账可根据需要采用三栏式、数量金额式或多栏式。

3. 记账凭证账务处理程序的核算步骤

(1) 根据原始凭证编制汇总原始凭证。

(2) 根据原始凭证或汇总原始凭证，填制记账凭证。

(3) 根据收款凭证和付款凭证及所附原始凭证，逐笔登记现金日记账和银行存款日记账。

(4) 根据原始凭证、汇总原始凭证及记账凭证，登记各种明细账。

(5) 根据记账凭证逐笔登记总账。

(6) 期末，现金日记账、银行存款日记账以及各种明细账的余额合计数与有关总账的余额核对相符。

(7) 期末，根据核对无误的总账和明细账的有关资料，编制会计报表。

记账凭证账务处理程序如图 6-1 所示。

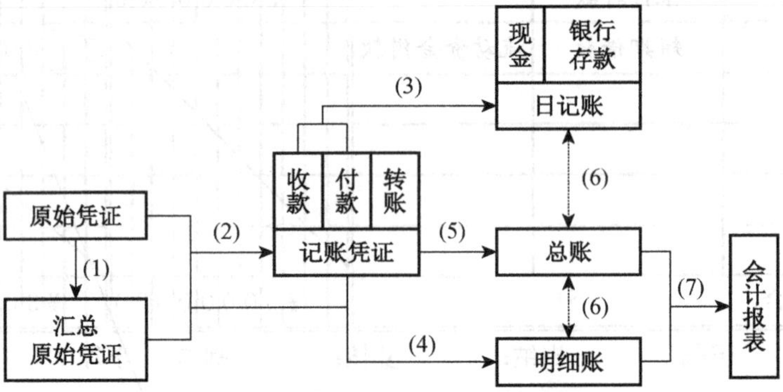

图 6-1　记账凭证账务处理程序图

说明：

① ————→表示填制凭证、登记账簿或编制会计报表。

② ←----→表示核对。

4. 记账凭证账务处理程序的优点、缺点和适用范围

1) 记账凭证账务处理程序的优点

记账凭证账务处理程序的优点是方法简单，易于理解，能够反映账户之间的对应关系，总账能详细地反映每项经济业务的发生情况，便于分析和检查。

2) 记账凭证账务处理程序的缺点

记账凭证账务处理程序的缺点是根据记账凭证逐笔登记总账，登记总账的工作量比较大。

3）记账凭证账务处理程序的适用范围

记账凭证账务处理程序一般只适用于经营规模较小、业务量不大、凭证数量不多的单位。

5. 典型工作任务举例

【任务 6-1】 根据学习情境 5 远东有限责任公司 20××年 12 月份发生的经济业务登记总账（为节省篇幅，本期没有发生额的账户此处不开设），所登记的总账如表 6-12 至表 6-42 所示。

表 6-12

总 账

会计科目 库存现金

20××年 月	日	凭证号数	摘 要	借方（亿千百十万千百十元角分）	贷方（亿千百十万千百十元角分）	核对号	借或贷	余额（亿千百十万千百十元角分）
12	1		期初余额				借	1200000
	18	记 6	马宏借差旅费		500000		借	700000
	31	记 13	马宏报销	18000			借	718000
	31	记 22	王伟交罚款	300000			借	1018000
12	31		本月合计	318000	500000		借	1018000

表 6-13

总 账

会计科目 银行存款 4

20××年 月	日	凭证号数	摘 要	借方（亿千百十万千百十元角分）	贷方（亿千百十万千百十元角分）	核对号	借或贷	余额（亿千百十万千百十元角分）
12	1		期初余额				借	2000000
	1	记 1	收到投资款	100000000			借	102000000
	1	记 3	向银行借款	30000000			借	132000000
	3	记 4	购材料		54175200		借	77824800
	22	记 7	购计算器		101700		借	77723100
	31	记 16	销售甲产品	57630000			借	135353100
	31	记 17	销售A材料	1130000			借	136483100
	31	记 18	支付广告费		954000		借	135529100
	31	记 23	向希望工程捐款		400000		借	135129100
12	31		本月合计	188760000	55630900		借	135129100

表 6-14

总　　账

会计科目 其他应收款

20××年		凭证	摘要	借方											贷方											核对号	借或贷	余额										
月	日	号数		亿	千	百	十	万	千	百	十	元	角	分	亿	千	百	十	万	千	百	十	元	角	分			亿	千	百	十	万	千	百	十	元	角	分
12	18	记6	马宏借差旅费						5	0	0	0	0	0													借						5	0	0	0	0	0
	31	记13	马宏报销差旅费																	5	0	0	0	0	0		平									θ		
12	31		本月合计						5	0	0	0	0	0						5	0	0	0	0	0		平									θ		

表 6-15

总　　账

会计科目 在途物资

20××年		凭证	摘要	借方											贷方											核对号	借或贷	余额										
月	日	号数		亿	千	百	十	万	千	百	十	元	角	分	亿	千	百	十	万	千	百	十	元	角	分			亿	千	百	十	万	千	百	十	元	角	分
12	3	记4	购材料				4	8	0	0	0	0	0	0													借				4	8	0	0	0	0	0	0
	6	记5	材料验收入库															4	8	0	0	0	0	0	0		平									θ		
12	31		本月合计				4	8	0	0	0	0	0	0				4	8	0	0	0	0	0	0		平									θ		

表 6-16

总　　账

会计科目 原材料

20××年		凭证	摘要	借方											贷方											核对号	借或贷	余额										
月	日	号数		亿	千	百	十	万	千	百	十	元	角	分	亿	千	百	十	万	千	百	十	元	角	分			亿	千	百	十	万	千	百	十	元	角	分
12	1		期初余额																								借					2	5	0	0	0	0	0
	6	记5	材料验收入库				4	8	0	0	0	0	0	0													借				5	0	5	0	0	0	0	0
	31	记8	生产等用料															4	5	8	6	0	0	0	0		借					4	6	4	0	0	0	0
	31	记21	销售A材料																1	0	0	0	0	0	0		借					3	6	4	0	0	0	0
12	31		本月合计				4	8	0	0	0	0	0	0				4	6	8	6	0	0	0	0		借					3	6	4	0	0	0	0

表 6-17

总　　账

会计科目 库存商品

20××年 月	日	凭证号数	摘要	借方	贷方	核对号	借或贷	余额
12	31	记15	甲产品完工	42300000			借	42300000
	31	记20	结转已销产品成本		35955000		借	6345000
12	31		本月合计	42300000	35955000		借	6345000

表 6-18

总　　账

会计科目 制造费用

20××年 月	日	凭证号数	摘要	借方	贷方	核对号	借或贷	余额
12	22	记7	购计算器	36000			借	36000
	31	记8	耗用材料	320000			借	356000
	31	记9	车间管理人员工资	3000000			借	3356000
	31	记10	车间管理人员福利费	420000			借	3776000
	31	记11	车间固定资产折旧	724000			借	4500000
	31	记14	分配制造费用		4500000		平	0
12	31		本月合计	4500000	4500000		平	0

表 6-19

总　　账

会计科目 生产成本

20××年 月	日	凭证号数	摘要	借方	贷方	核对号	借或贷	余额
12	31	记8	生产产品用料	45400000			借	45400000
	31	记9	分配工资	18000000			借	63400000
	31	记10	计提福利费	2520000			借	65920000
	31	记14	分配制造费用	4500000			借	70420000
	31	记15	甲产品完工入库		42300000		借	28120000
12	31		本月合计	70420000	42300000		借	28120000

表 6-20

总　　账

会计科目 固定资产

20××年		凭证	摘要	借方											贷方											核对号	借或贷	余额										
月	日	号数		亿	千	百	十	万	千	百	十	元	角	分	亿	千	百	十	万	千	百	十	元	角	分			亿	千	百	十	万	千	百	十	元	角	分
12	1		期初余额																								借				9	2	0	0	0	0	0	0
	1	记2	滨州公司投资				1	2	0	0	0	0	0	0													借			1	0	4	0	0	0	0	0	0
12	31		本月合计				1	2	0	0	0	0	0	0													借			1	0	4	0	0	0	0	0	0

表 6-21

总　　账

会计科目 累计折旧

20××年		凭证	摘要	借方											贷方											核对号	借或贷	余额										
月	日	号数		亿	千	百	十	万	千	百	十	元	角	分	亿	千	百	十	万	千	百	十	元	角	分			亿	千	百	十	万	千	百	十	元	角	分
12	31	记11	计提固定资产折旧																1	0	1	4	0	0	0		贷					1	0	1	4	0	0	0
12	31		本月合计																1	0	1	4	0	0	0		贷					1	0	1	4	0	0	0

表 6-22

总　　账

会计科目 无形资产

20××年		凭证	摘要	借方											贷方											核对号	借或贷	余额										
月	日	号数		亿	千	百	十	万	千	百	十	元	角	分	亿	千	百	十	万	千	百	十	元	角	分			亿	千	百	十	万	千	百	十	元	角	分
12	1	记2	滨州公司投资					8	0	0	0	0	0	0													借					8	0	0	0	0	0	0
12	31		本月合计					8	0	0	0	0	0	0													借					8	0	0	0	0	0	0

表 6-23

总 账

会计科目 短期借款

20××年 月	日	凭证号数	摘要	借方（亿千百十万千百十元角分）	贷方（亿千百十万千百十元角分）	核对号	借或贷	余额（亿千百十万千百十元角分）
12	1		期初余额				贷	100000
	1	记3	取得短期借款		30000000		贷	30100000
12	31		本月合计		30000000		贷	30100000

表 6-24

总 账

会计科目 应付职工薪酬

20××年 月	日	凭证号数	摘要	借方（亿千百十万千百十元角分）	贷方（亿千百十万千百十元角分）	核对号	借或贷	余额（亿千百十万千百十元角分）
12	31	记9	分配工资		23000000		贷	23000000
	31	记10	计提职工福利费		3220000		贷	26220000
12	31		本月合计		26220000		贷	26220000

表 6-25

总 账

会计科目 应交税费

20××年 月	日	凭证号数	摘要	借方（亿千百十万千百十元角分）	贷方（亿千百十万千百十元角分）	核对号	借或贷	余额（亿千百十万千百十元角分）
12	3	记4	购料进项税额	6175200			借	6175200
	22	记7	购计算器	11700			借	6186900
	31	记18	支付广告费	54000			借	6240900
	31	记16	销售产品		6630000		贷	389100
	31	记17	销售材料		130000		贷	519100
	31	记19	城市维护建设税及教育费附加		51910		贷	571010
	31	记25	应交所得税		2636773		贷	3207783
12	31		本月合计	6240900	9448683		贷	3207783

表 6-26

总　　账

会计科目 应付利息

20××年 月	日	凭证号数	摘要	借方（亿千百十万千百十元角分）	贷方（亿千百十万千百十元角分）	核对号	借或贷	余额（亿千百十万千百十元角分）
12	31	记12	计提利息		200000		贷	200000
12	31		本月合计		200000		贷	200000

表 6-27

总　　账

会计科目 应付利润

20××年 月	日	凭证号数	摘要	借方（亿千百十万千百十元角分）	贷方（亿千百十万千百十元角分）	核对号	借或贷	余额（亿千百十万千百十元角分）
12	31	记29	向股东分配利润		35164127		贷	35164127
12	31		本月合计		35164127		贷	35164127

表 6-28

总　　账

会计科目 实收资本

20××年 月	日	凭证号数	摘要	借方（亿千百十万千百十元角分）	贷方（亿千百十万千百十元角分）	核对号	借或贷	余额（亿千百十万千百十元角分）
12	1		期初余额				贷	140500000
	1	记1	收到投资款		100000000		贷	1140500000
	1	记2	滨州公司投资		20000000		贷	13405000
12	31		本月合计		120000000		贷	13405000

表 6-29

总　　账

会计科目 盈余公积

20××年 月	日	凭证号数	摘要	借方（亿千百十万千百十元角分）	贷方（亿千百十万千百十元角分）	核对号	借或贷	余额（亿千百十万千百十元角分）
12	31	记28	提取法定盈余公积		8791032		贷	8791032
12	31		本月合计		8791032		贷	8791032

表 6-30

总　　账

会计科目 本年利润

20××年 月	日	凭证号数	摘要	借方	贷方	核对号	借或贷	余额
12	1		期初余额				贷	80000000
	31	记24$\frac{1}{3}$	结转损益类账户		52300000		贷	132300000
	31	记24$\frac{2}{3}$	结转损益类账户	37406910			贷	94893090
	31	记24$\frac{3}{3}$	结转损益类账户	4346000			贷	90547090
	31	记26	结转损益类账户	2636773			贷	87910317
	31	记27	结转至利润分配	87910317			平	θ
12	31		本月合计	132300000	52300000		平	θ

表 6-31

总　　账

会计科目 利润分配

20××年 月	日	凭证号数	摘要	借方	贷方	核对号	借或贷	余额
12	31	记27	结转本年利润		87910317		贷	87910317
	31	记28	提取法定盈余公积	8791032			贷	79119285
	31	记29	分配利润	35164127			贷	43955158
	31	记30	结转至未分配利润	43955159	43955159		贷	43955158
12	31		本月合计	87910318	131865476		贷	43955158

表 6-32

总　　账

会计科目 主营业务收入

20××年 月	日	凭证号数	摘要	借方	贷方	核对号	借或贷	余额
12	31	记16	销售甲产品		51000000		贷	51000000
	31	记24$\frac{1}{3}$	结转至本年利润	51000000			平	θ
12	31		本月合计	51000000	51000000		平	θ

表 6-33

总　　账

会计科目 主营业务成本

20××年 月	日	凭证号数	摘要	借方	贷方	核对号	借或贷	余额
12	31	记20	结转已销产品成本	359550.00			借	359550.00
	31	记24 $\frac{2}{3}$	结转至本年利润		359550.00		平	θ
12	31		本月合计	359550.00	359550.00		平	θ

表 6-34

总　　账

会计科目 税金及附加

20××年 月	日	凭证号数	摘要	借方	贷方	核对号	借或贷	余额
12	31	记19	计提税金及附加	519.10			借	519.10
	31	记24 $\frac{2}{3}$	结转至本年利润		519.10		平	θ
12	31		本月合计	519.10	519.10		平	θ

表 6-35

总　　账

会计科目 其他业务收入

20××年 月	日	凭证号数	摘要	借方	贷方	核对号	借或贷	余额
12	31	记17	销售材料		100000.00		贷	100000.00
	31	记24 $\frac{1}{3}$	结转至本年利润	100000.00			平	θ
12	31		本月合计	100000.00	100000.00		平	θ

表 6-36

总　账

会计科目 其他业务成本

20××年 月	日	凭证号数	摘要	借方（亿千百十万千百十元角分）	贷方（亿千百十万千百十元角分）	核对号	借或贷	余额（亿千百十万千百十元角分）
12	31	记21	结转销售材料成本	1000000			借	1000000
	31	记24$\frac{2}{3}$	转至本年利润		1000000		平	θ
12	31		本月合计	1000000	1000000		平	θ

表 6-37

总　账

会计科目 销售费用

20××年 月	日	凭证号数	摘要	借方（亿千百十万千百十元角分）	贷方（亿千百十万千百十元角分）	核对号	借或贷	余额（亿千百十万千百十元角分）
12	31	记18	支付广告费	900000			借	900000
	31	记24$\frac{3}{3}$	结转至本年利润		900000		平	θ
12	31		本月合计	900000	900000		平	θ

表 6-38

总　账

会计科目 管理费用

20××年 月	日	凭证号数	摘要	借方（亿千百十万千百十元角分）	贷方（亿千百十万千百十元角分）	核对号	借或贷	余额（亿千百十万千百十元角分）
12	22	记7	购计算器	54000			借	54000
	31	记8	物料消耗	140000			借	194000
	31	记9	管理人员工资	2000000			借	2194000
	31	记10	管理人员福利费	280000			借	2474000
	31	记11	折旧费	290000			借	2764000
	31	记13	马宏出差旅费	482000			借	3246000
	31	记24$\frac{3}{3}$	结转至本年利润		3246000		平	θ
12	31		本月合计	3246000	3246000		平	θ

表 6-39

总　　账

会计科目 财务费用

20××年		凭证	摘要	借方											贷方											核对号	借或贷	余额										
月	日	号数		亿	千	百	十	万	千	百	十	元	角	分	亿	千	百	十	万	千	百	十	元	角	分			亿	千	百	十	万	千	百	十	元	角	分
12	31	记12	计提利息						2	0	0	0	0	0													借						2	0	0	0	0	0
	31	记24$\frac{3}{3}$	结转至本年利润																	2	0	0	0	0	0		平									θ		
12	31		本月合计						2	0	0	0	0	0						2	0	0	0	0	0		平									θ		

表 6-40

总　　账

会计科目 营业外收入

20××年		凭证	摘要	借方											贷方											核对号	借或贷	余额										
月	日	号数		亿	千	百	十	万	千	百	十	元	角	分	亿	千	百	十	万	千	百	十	元	角	分			亿	千	百	十	万	千	百	十	元	角	分
12	31	记22	王伟交罚款																	3	0	0	0	0	0		贷						3	0	0	0	0	0
	31	记24$\frac{1}{3}$	结转至本年利润						3	0	0	0	0	0													平									θ		
12	31		本月合计						3	0	0	0	0	0						3	0	0	0	0	0		平									θ		

表 6-41

总　　账

会计科目 营业外支出

20××年		凭证	摘要	借方											贷方											核对号	借或贷	余额										
月	日	号数		亿	千	百	十	万	千	百	十	元	角	分	亿	千	百	十	万	千	百	十	元	角	分			亿	千	百	十	万	千	百	十	元	角	分
12	31	记23	向希望工程捐款						4	0	0	0	0	0													借						4	0	0	0	0	0
	31	记24$\frac{2}{3}$	结转至本年利润																	4	0	0	0	0	0		平									θ		
12	31		本月合计						4	0	0	0	0	0						4	0	0	0	0	0		平									θ		

表 6-42

总 账

会计科目 所得税费用

20××年		凭证	摘要	借方											贷方											核对号	借或贷	余额										
月	日	号数		亿	千	百	十	万	千	百	十	元	角	分	亿	千	百	十	万	千	百	十	元	角	分			亿	千	百	十	万	千	百	十	元	角	分
12	31	记25	计算应交税金					2	6	3	6	7	7	3													借					2	6	3	6	7	7	3
	31	记26	结转至本年利润																2	6	3	6	7	7	3		平									θ		
12	31		本月合计					2	6	3	6	7	7	3					2	6	3	6	7	7	3		平									θ		

（三）科目汇总表账务处理程序

1. 科目汇总表账务处理程序的特点

科目汇总表账务处理程序又称记账凭证汇总表账务处理程序，是根据各种记账凭证先按会计科目定期编制科目汇总表，再根据科目汇总表登记总账，并定期编制会计报表的一种账务处理程序。科目汇总表账务处理程序是在记账凭证账务处理程序的基础上发展起来的。其特点是：根据记账凭证定期编制科目汇总表，然后再根据科目汇总表登记总账。科目汇总表账务处理程序示例如表 6-43 和表 6-44 所示。

请思考：科目汇总表账务处理程序的特点是什么？

表 6-43 科目汇总表

20××年 12 月 31 日

会计科目	本期发生额		总账页数	记账凭证起讫号数
	借方金额	贷方金额		
库存现金				
银行存款				
……				
短期借款		300 000	略	略
……				
合计				

表 6-44

总 账

会计科目 短期借款

20××年		凭证	摘要	借方											贷方											核对号	借或贷	余额										
月	日	号数		亿	千	百	十	万	千	百	十	元	角	分	亿	千	百	十	万	千	百	十	元	角	分			亿	千	百	十	万	千	百	十	元	角	分
12	1		期初余额																								贷						1	0	0	0	0	0
	1	科汇	本月发生															3	0	0	0	0	0	0	0		贷				3	0	1	0	0	0	0	0
12	31		本月合计															3	0	0	0	0	0	0	0		贷				3	0	1	0	0	0	0	0

2. 科目汇总表账务处理程序下记账凭证和账簿的设置

1) 记账凭证的设置

在科目汇总表账务处理程序下，记账凭证可采用收款凭证、付款凭证和转账凭证；也可采用通用记账凭证，同时应设置科目汇总表。

2) 会计账簿的设置

在科目汇总表账务处理程序下，应设置现金日记账、银行存款日记账、明细账和总账。现金日记账、银行存款日记账和总账均可采用三栏式；明细账可根据需要采用三栏式、数量金额式或多栏式。

3. 科目汇总表账务处理程序的核算步骤

(1) 根据原始凭证编制汇总原始凭证。

(2) 根据原始凭证或汇总原始凭证，填制记账凭证。

(3) 根据收款凭证、付款凭证和所附原始凭证，逐笔登记现金日记账和银行存款日记账。

(4) 根据原始凭证、汇总原始凭证和记账凭证，登记各种明细账。

(5) 根据记账凭证编制科目汇总表。

(6) 根据科目汇总表登记总账。

(7) 期末，将现金日记账、银行存款日记账和各种明细账的余额合计数与有关总账的余额核对相符。

(8) 期末，根据核对无误的总账和明细账的有关资料，编制会计报表。

科目汇总表账务处理程序如图 6-2 所示。

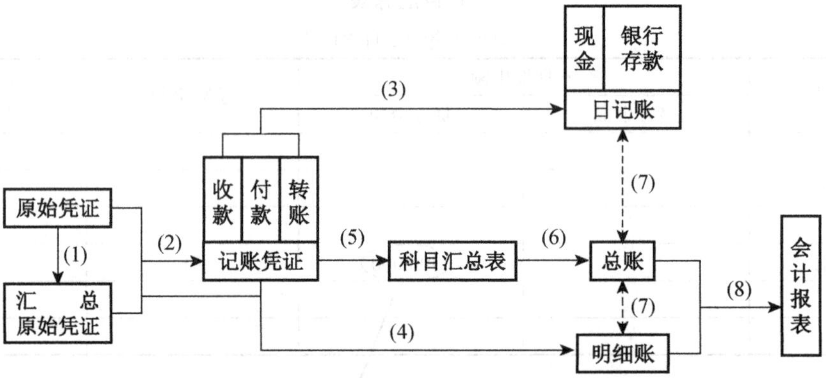

图 6-2 科目汇总表账务处理程序图

说明：

① ——→表示填制凭证、编制科目汇总表、登记账簿或编制会计报表。

② ←---→表示核对。

4. 科目汇总表的编制

科目汇总表是根据一定时期内的全部记账凭证，按科目进行归类编制的汇总表。在科目汇总表中，分别计算出每一个总账科目的借方发生额合计数、贷方发生额合计数。由于借贷记账法的记账规则是“有借必有贷，借贷必相等”，因此在编制的科目汇总表内，全部总账科目的借方发生额合计数与贷方发生额合计数相等。根据科目汇总表登记总账时，只需将该表中汇总起来的各科目的本期借方、贷方发生额的合计数分次或月末一次记入相应总账的借方或贷方即可。科目汇总表格式如表 6-45 所示。

表 6-45

科目汇总表

年 月 日 至 年 月 日

会计科目	本期发生额	
	借方金额	贷方金额

5. 科目汇总表账务处理程序的优点、缺点和适用范围

1) 科目汇总表账务处理程序的优点

采用科目汇总表账务处理程序，可以通过定期汇总分次或月终一次根据汇总数登记总账，从而简化登记总账的工作。而且，科目汇总表还能起到试算平衡的作用，有利于检查记账工作的准确性。

2) 科目汇总表账务处理程序的缺点

科目汇总表是按总账科目汇总编制的，只能作为登记总账和试算平衡的依据，不能反映各科目的对应关系，不便于分析和检查经济业务的来龙去脉，不便于查对账目。

3) 科目汇总表账务处理程序的适用范围

科目汇总表账务处理程序的适用范围比较广，一般经营规模较大、业务量大、凭证数量较多的单位都可采用。

6. 典型工作任务举例

【任务 6-2】 根据远东有限责任公司 20××年 12 月份发生的经济业务(参见学习情境 5)编制科目汇总表如表 6-46 所示。根据科目汇总表登记总账，如表 6-47 至表 6-49 所示(注:此处为节省篇幅，只登记库存现金、银行存款和实收资本总账，其他账户的登记略)。

表 6-46

科目汇总表

20××年 12 月

单位:元

会计科目	本月发生额	
	借方	贷方
库存现金	3 180.00	5 000.00
银行存款	1 887 600.00	556 309.00
其他应收款	5 000.00	5 000.00
在途物资	480 000.00	480 000.00
原材料	480 000.00	468 600.00
库存商品	423 000.00	359 550.00

（续表）

会计科目	本月发生额	
	借方	贷方
生产成本	704 200.00	423 000.00
制造费用	45 000.00	45 000.00
固定资产	120 000.00	
累计折旧		10 140.00
无形资产	80 000.00	
短期借款		300 000.00
应付职工薪酬		262 200.00
应交税费	62 409.00	94 486.83
应付利息		2 000.00
应付利润		351 641.27
实收资本		1 200 000.00
盈余公积		87 910.32
本年利润	1 323 000.00	523 000.00
利润分配	879 103.18	1 318 654.76
主营业务收入	510 000.00	510 000.00
主营业务成本	359 550.00	359 550.00
税金及附加	519.10	519.10
其他业务收入	10 000.00	10 000.00
其他业务成本	10 000.00	10 000.00
销售费用	9 000.00	9 000.00
管理费用	32 460.00	32 460.00
财务费用	2 000.00	2 000.00
营业外收入	3 000.00	3 000.00
营业外支出	4 000.00	4 000.00
所得税费用	26 367.73	26 367.73
合　计	7 459 389.01	7 459 389.01

表 6-47

总　　账

会计科目 库存现金

20××年		凭证	摘要	借方											贷方											核对号	借或贷	余额										
月	日	号数		亿	千	百	十	万	千	百	十	元	角	分	亿	千	百	十	万	千	百	十	元	角	分			亿	千	百	十	万	千	百	十	元	角	分
12	1		期初余额																								借					1	2	0	0	0	0	0
	31	科汇	本月发生						3	1	8	0	0	0						5	0	0	0	0	0		借					1	0	1	8	0	0	0
12	31		本月合计						3	1	8	0	0	0						5	0	0	0	0	0		借					1	0	1	8	0	0	0

表 6-48

总　　账

会计科目 银行存款

20××年		凭证	摘要	借方											贷方											核对号	借或贷	余额										
月	日	号数		亿	千	百	十	万	千	百	十	元	角	分	亿	千	百	十	万	千	百	十	元	角	分			亿	千	百	十	万	千	百	十	元	角	分
12	1		期初余额																								借					2	0	0	0	0	0	0
	31	科汇	本月发生			1	8	8	7	6	0	0	0	0				5	5	6	3	0	9	0	0		借			1	3	5	1	2	9	1	0	0
12	31		本月合计			1	8	8	7	6	0	0	0	0				5	5	6	3	0	9	0	0		借			1	3	5	1	2	9	1	0	0

表 6-49

总　　账

会计科目 实收资本

20××年		凭证	摘要	借方											贷方											核对号	借或贷	余额										
月	日	号数		亿	千	百	十	万	千	百	十	元	角	分	亿	千	百	十	万	千	百	十	元	角	分			亿	千	百	十	万	千	百	十	元	角	分
12	1		期初余额																								贷				1	4	0	5	0	0	0	0
	31	科汇	本月发生														1	2	0	0	0	0	0	0	0		贷			1	3	4	0	5	0	0	0	0
12	31		本月合计														1	2	0	0	0	0	0	0	0		贷			1	3	4	0	5	0	0	0	0

五、总账和明细账的关系及其平行登记

如前所述，总账和明细账都是分类账簿，但登记总账是对全部经济业务进行总括分类核算，登记明细账是对某一总账科目按其所属明细科目进行的明细分类核算。可见，总账是明细账的总括记录，明细账则是总账的补充说明。根据这种关系，总账和明细账的登记，必须采用平行登记的方法。所谓平行登记，是指对所发生的每项经济业务，都要以会计凭证为依据，一方面记入有关总账账户，另一方面记入所属明细账户的方法。

平行登记法的要点如下所述。

1. 依据相同

一项经济业务登记总账账户与登记其所属的明细账户的记账凭证及其所附原始凭证是相同的。

2. 时间相同

一项经济业务在登记到总账账户的同时，在同一会计期间内要在该总账账户所属的明细账户中进行登记。登记总账与其所属明细账的时间相同。

3. 方向相同

如果在总账账户的借方登记，也要在相应的明细账户的借方登记，如果在总账账户的贷

方登记，也应在相应的明细账户的贷方登记，登记到总账账户的借贷方向应与登记到明细账户的借贷方向相同。

4. 金额相等

一项经济业务发生后，登记总账账户的金额应与登记其所属明细账户的金额相等，如果涉及多个明细账户，则各明细账户的金额合计数应等于总账账户的金额。

【任务 6-3】 某企业以银行存款 60 000 元购入原材料，其中甲材料 40 000 元，乙材料 20 000 元。在进行会计处理时，其总账账户和明细账户的关系，如图 6-3 所示。

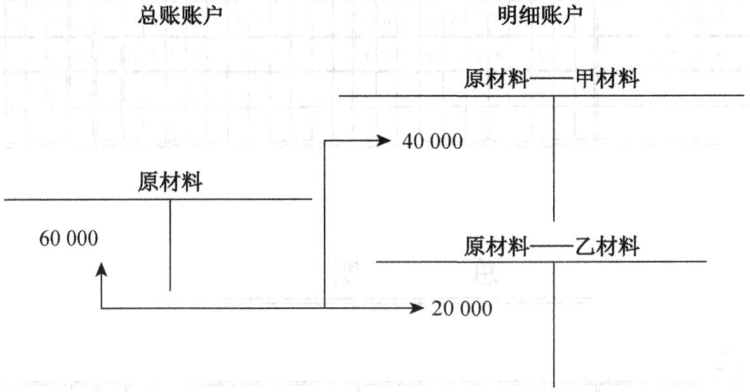

图 6-3　总账账户与明细账户关系图

六、更正错账

登记账簿以后，如果发现账簿记录有错误，应按规定的方法进行更正，不得随意乱改，更正错账有下面三个方法。

1. 划线更正法

划线更正法又称红线更正法，这种方法适用于结账前或结账过程中，发现账簿记录有错误，而记账凭证无错，即纯属文字或数字过账时的笔误及账簿数字计算错误等情况。

更正方法是：首先，将错误的文字或数字（整个数字）划一条红线予以注销，但必须使原有字迹仍可辨认，以备查考；然后，在划线上方空白处用蓝字将正确的文字或数字填写上，并由更正人员在更正处盖章，以明确责任。采用划线更正法进行错误更正时应注意：对于文字差错，可以只划去错误的部分，不必将与错字相关联的其他文字划去；但对于数字差错，应将错误的数额全部划去，不得只更正错误数额中的个别数字。如将 9 600 错写成 6 900，应将 6 900 整个数字全部用红线划去，再在红线上面空白处用蓝字写上 9 600，予以更正。

【任务 6-4】 20××年 11 月 30 日，飞达公司审核人员在结账前发现应付利息总账中误将 6 900 元写成 9 600 元，应采用划线更正法进行更正，更正方法如表 6-50 所示。

2. 红字更正法

红字更正法又称红字冲销法，即以红字记录表明对原记录的冲减。红字更正法适用于以下两种情况。

第一种情况，在记账以后，发现记账凭证中的应借、应贷会计科目或记账方向有错误，并且已经登记入账的情况下，应采用此法进行更正。

表 6-50

总　账

会计科目 应付利息

20××年 月	日	凭证号数	摘要	借方（亿千百十万千百十元角分）	贷方（亿千百十万千百十元角分）	核对号	借或贷	余额（亿千百十万千百十元角分）
11	1		期初余额				贷	690000
	30	记36	计提本月短期借款利息		张薇 690000 ~~960000~~			

更正的方法是：首先，用红字金额填制一张与原错误记账凭证内容完全相同的记账凭证，并在“摘要”栏中写明“冲销××月××日第××号凭证”，据以用红字金额登记入账，以冲销原有错误的账簿记录；然后，再用蓝字填制一张正确的记账凭证，并在“摘要”栏中写明“更正××月××日第××号凭证”，并据以用蓝字登记入账。

【任务 6-5】 20××年 11 月 9 日，飞达公司采购员赵飞预借差旅费 6 000 元，在编制记账凭证时，借方科目误写为“应收账款”（如表 6-51 所示），并已登记入账（如表 6-52 和表 6-53 所示）。

更正时先用红字金额编制一张与原错误记录完全相同的记账凭证，并登记入账，如表 6-54 至表 6-56 所示。再编制一张正确的记账凭证并登记入账，如表 6-57 至表 6-59 所示。

表 6-51

记 账 凭 证

记字第6号

20××年 11 月 9 日

摘要	总账科目	明细科目	借方金额（亿千百十万千百十元角分）	贷方金额（亿千百十万千百十元角分）	√
赵飞预借差旅费	应收账款	赵飞	600000		
	库存现金			600000	
合　计			¥600000	¥600000	

附单据壹张

会计主管：　记账：　出纳：　复核：　制单：黄娟

表 6-52

总　　账

会计科目 应收账款

20××年 月	日	凭证号数	摘要	借方（亿千百十万千百十元角分）	贷方（亿千百十万千百十元角分）	核对号	借或贷	余额（亿千百十万千百十元角分）
11	9	记6	赵飞借差旅费	600000			借	600000

表 6-53

总　　账

会计科目 库存现金

20××年 月	日	凭证号数	摘要	借方（亿千百十万千百十元角分）	贷方（亿千百十万千百十元角分）	核对号	借或贷	余额（亿千百十万千百十元角分）
11	1		期初余额				借	2200000
	2	记3	购办公用品		40000		借	2160000
	9	记6	赵飞预借差旅费		600000		借	1560000

表 6-54

记 账 凭 证

记字第7号

20××年 11 月 9 日

摘要	总账科目	明细科目	借方金额（亿千百十万千百十元角分）	贷方金额（亿千百十万千百十元角分）	√
冲销11月9日6号凭证	应收账款	赵飞	600000①		
	库存现金			600000②	
合计			¥600000③	¥600000④	

附单据　张

会计主管：　　记账：　　出纳：　　复核：　　制单：黄娟

注：①②③④均为红字。

表 6-55

总 账

会计科目 应收账款

20××年 月	日	凭证号数	摘要	借方	贷方	核对号	借或贷	余额
11	9	记6	赵飞借差旅费	600000			借	600000
	9	记7	冲销11月9日6号凭证	600000①			平	θ

表 6-56

总 账

会计科目 库存现金

20××年 月	日	凭证号数	摘要	借方	贷方	核对号	借或贷	余额
11	1		期初余额				借	2200000
	2	记3	购办公用品		40000		借	2160000
	9	记6	赵飞预借差旅费		600000		借	1560000
	9	记7	冲销11月9日6号凭证		600000②		借	2160000

表 6-57

记账凭证

记字第8号

20××年 11 月 9 日

摘要	总账科目	明细科目	借方金额	贷方金额	√
更正11月9日6号凭证	其他应收款	赵飞	600000		
	库存现金			600000	
合计			¥600000	¥600000	

附单据 张

会计主管： 记账： 出纳： 复核： 制单：黄娟

注：①②均为红字。

表 6-58

总 账

会计科目 其他应收款

20××年 月	日	凭证号数	摘要	借方	贷方	核对号	借或贷	余额
11			期初余额				借	800000
	9	记8	更正11月9日6号凭证	600000			借	1400000

表 6-59

总 账

会计科目 库存现金

20××年 月	日	凭证号数	摘要	借方	贷方	核对号	借或贷	余额
11	1		期初余额				借	2200000
	2	记3	购办公用品		40000		借	2160000
	9	记6	赵飞预借差旅费		600000	0	借	1560000
	9	记7	冲销11月9日6号凭证		600000①		借	2160000
	9	记8	更正11月9日6号凭证		600000		借	1560000

第二种情况，在记账以后，如发现记账凭证中应借、应贷的会计科目和记账方向都没有错误，只是所记金额大于应记的正确金额，应采用红字更正法。

更正的方法是：将多记的金额用红字填制一张与原错误记账凭证记载的借贷方向、应借、应贷会计科目相同的记账凭证，在“摘要”栏内注明“冲销××月××日第××号凭证多记金额”，并据以登记入账，以冲销原来多记金额。

【任务 6-6】 20××年 11 月 10 日，飞达公司出纳黄娟将现金 5 000 元送存银行，在填制记账凭证时，将金额误记为 8 000 元，并已登记入账，如表 6-60 至表 6-62 所示。更正如表 6-63 至表 6-65 所示。

注：①为红字。

表 6-60

记 账 凭 证

记字第9号

20××年 11 月 10 日

摘　要	总账科目	明细科目	借方金额（亿千百十万千百十元角分）	贷方金额（亿千百十万千百十元角分）	√
将现金送存银行	银行存款		800000		
	库存现金			800000	
合　计			¥800000	¥800000	

附单据壹张

会计主管：　　记账：　　出纳：　　复核：　　制单：黄娟

表 6-61

总　　账

会计科目 银行存款

20××年 月	日	凭证号数	摘　要	借方（亿千百十万千百十元角分）	贷方（亿千百十万千百十元角分）	核对号	借或贷	余额（亿千百十万千百十元角分）
11	1		期初余额				借	18900000
	10	记9	将现金送存银行	800000			借	19700000

表 6-62

总　　账

会计科目 库存现金

20××年 月	日	凭证号数	摘　要	借方（亿千百十万千百十元角分）	贷方（亿千百十万千百十元角分）	核对号	借或贷	余额（亿千百十万千百十元角分）
11	1		期初余额				借	2200000
	2	记3	购办公用品		40000		借	2160000
	9	记6	赵飞预借差旅费		600000		借	1560000
	9	记7	冲销11月9日6号凭证		600000①		借	2160000
	9	记8	更正11月9日6号凭证		600000		借	1560000
	10	记9	送存现金		800000		借	760000

注：①为红字。

表 6-63

记 账 凭 证

记字第10号

20××年11月11日

摘要	总账科目	明细科目	借方金额	贷方金额	√
冲销11月10日	银行存款		300000		
9号凭证多记金额	库存现金			300000	
合计			¥300000	¥300000	

附单据　张

会计主管：　记账：　出纳：　复核：　制单：黄娟

表 6-64

总　　账

会计科目 银行存款

20××年 月	日	凭证号数	摘要	借方	贷方	核对号	借或贷	余额
11	1		期初余额				借	18900000
	10	记9	将现金送存银行	800000			借	19700000
	11	记10	冲销11月10日9号凭证多记金额	300000①			借	19400000

表 6-65

总　　账

会计科目 库存现金

20××年 月	日	凭证号数	摘要	借方	贷方	核对号	借或贷	余额
11	1		期初余额				借	2200000
	2	记3	购办公用品		40000		借	2160000
	9	记6	赵飞预借差旅费		600000		借	1560000
	9	记7	冲销11月9日6号凭证		600000②		借	2160000
	9	记8	更正11月9日6号凭证		600000		借	1560000
	10	记9	送存现金		800000		借	760000
	11	记10	冲销11月10日9号凭证多记金额		300000③		借	1060000

注：①②③为红字。

3. 补充登记法

补充登记法又称蓝字补记法，在记账以后，发现记账凭证中应借、应贷的会计科目、记账方向都没有错误，只是所记金额小于应记的正确金额，应采用补充登记法。

更正的方法是：将少记的金额用蓝字填制一张与原错误记账凭证所记载的借贷方向和应借、应贷会计科目相同的记账凭证，在“摘要”栏内注明“补记××月××日第××号凭证少记金额”，并据以登记入账，以补记少记金额。

【任务 6-7】 20××年 11 月 12 日，飞达公司出纳员黄娟从银行提取现金 9 000 元，填制记账凭证时将金额误记 6 000 元，并据以入账，如表 6-66 至表 6-68 所示。更正方法如表 6-69 至表 6-71 所示。

表 6-66

记 账 凭 证

记字第 11 号

20××年 11 月 12 日

摘要	科目：总账科目	科目：明细科目	借方金额（亿千百十万千百十元角分）	贷方金额（亿千百十万千百十元角分）	√
提取现金	库存现金		600000		
	银行存款			600000	
合　　计			¥600000	¥600000	

附单据壹张

会计主管：　　记账：　　出纳：　　复核：　　制单：黄娟

表 6-67

总　　账

会计科目 库存现金

20××年 月	日	凭证号数	摘要	借方（亿千百十万千百十元角分）	贷方（亿千百十万千百十元角分）	核对号	借或贷	余额（亿千百十万千百十元角分）
11	1		期初余额				借	2200000
	2	记3	购办公用品		40000		借	2160000
	9	记6	赵飞预借差旅费		600000		借	1560000
	9	记7	冲销11月9日6号凭证		600000	①	借	2160000
	9	记8	更正11月9日6号凭证		600000		借	1560000
	10	记9	送存现金		800000		借	760000
	11	记10	冲销11月10日9号凭证多记金额		300000	②	借	1060000
	12	记11	提取现金	600000			借	1660000

注：①②均为红字。

表 6-68

总　　账

会计科目 银行存款

20××年 月	日	凭证号数	摘要	借方（亿千百十万千百十元角分）	贷方（亿千百十万千百十元角分）	核对号	借或贷	余额（亿千百十万千百十元角分）
11	1		期初余额				借	18900000
	10	记9	将现金送存银行	800000			借	19700000
	11	记10	冲销11月10日9号凭证多记金额	300000	①		借	19400000
	12	记11	提取现金		600000		借	18800000

表 6-69

记 账 凭 证

记字第 12 号

20××年 11 月 12 日

摘要	科目：总账科目	科目：明细科目	借方金额（亿千百十万千百十元角分）	贷方金额（亿千百十万千百十元角分）	√
补记 11 月 12 日 11	库存现金		300000		
号凭证少记金额	银行存款			300000	
合　　计			¥300000	¥300000	

附单据　张

会计主管：　　记账：　　出纳：　　复核：　　制单：黄娟

表 6-70

总　　账

会计科目 库存现金

20××年 月	日	凭证号数	摘要	借方（亿千百十万千百十元角分）	贷方（亿千百十万千百十元角分）	核对号	借或贷	余额（亿千百十万千百十元角分）
11	1		期初余额				借	2200000
	2	记3	购办公用品		40000		借	2160000
	9	记6	赵飞预借差旅费		600000		借	1560000
	9	记7	冲销11月9日6号凭证		600000	②	借	2160000
	9	记8	更正11月9日6号凭证		600000		借	1560000
	10	记9	送存现金		800000		借	760000
	11	记10	冲销11月10日9号凭证多记金额		300000	③	借	1060000
	12	记11	提取现金	600000			借	1660000
	12	记12	补记11月12日11号凭证少记金额	300000			借	1960000

注：①②③为红字。

表 6-71

总　　账

会计科目 银行存款

20××年 月	日	凭证号数	摘要	借方（亿千百十万千百十元角分）	贷方（亿千百十万千百十元角分）	核对号	借或贷	余额（亿千百十万千百十元角分）
11	1		期初余额				借	18900000
	10	记9	将现金送存银行	800000			借	19700000
	11	记10	冲销11月10日9号凭证多记金额	300000①			借	19400000
	12	记11	提取现金		600000		借	18800000
	12	记12	补记11月12日11号凭证少记金额		300000		借	18500000

各错账类型、更正方法及更正步骤见表 6-72 所示。

表 6-72

错账类型及更正步骤

<table>
<tr><th colspan="3">错账类型</th><th>更正方法</th><th colspan="2">更正步骤</th></tr>
<tr><td colspan="3">记账凭证正确，过账发生错误</td><td>划线更正法</td><td colspan="2">① 划线注销错误记录
② 登记正确记录
③ 更正人盖章</td></tr>
<tr><td rowspan="3">记账凭证错误并据以过账</td><td colspan="2">会计科目等错误</td><td>红字更正法</td><td>全部冲销</td><td>① 填制红字金额凭证并登记入账，以冲销原错误记录
② 填制正确记账凭证并登记入账</td></tr>
<tr><td rowspan="2">金额错误</td><td>金额多记</td><td>红字更正法</td><td>部分冲销</td><td>填制红字金额凭证冲销多记金额并登记入账</td></tr>
<tr><td>金额少记</td><td>补充登记法</td><td colspan="2">填制蓝字金额凭证补记少记金额并登记入账</td></tr>
</table>

学习子情境 3　清查财产

一、清查财产的意义

所谓清查财产，是指通过对各种实物资产、货币资金和往来款项的实地盘点、账项核对或查询，查明某一时期的实际结存数并与账存数核对，确定账实是否相符的一种会计核算方法。

会计核算的任务之一，是核算和监督财产的保管和使用情况，保证财产的安全完整，提高各项财产的使用效果。一个单位的财产，通常包括其所拥有的各项财产物资、货币资金以及债权等。根据财产管理要求，各单位应通过账簿记录来反映和监督上述各项财产的增减变化和结存情况。为了保证账簿记录的正确，各单位应加强会计凭证的日常审核，定期核对账

注：①为红字。

簿记录,做到账证相符、账账相符。但是,账簿记录的正确并不能说明账簿所做的记录真实可靠。这是因为,有很多客观原因使各项财产的账面数额与实际结存数额发生差异,即账实不符。例如,有些财产物资在保管过程中,会发生自然损耗,或发生意外灾害造成毁损;在管理和核算方面,由于手续不健全或制度不严密而发生错收、错付、丢失、被盗;由于计量或检验不准确,造成多收多付或少收少付;由于管理不善或责任者的过失,造成财产毁损、错记、漏记、重记;由于有关凭证传递时间不同形成的未达账项,造成结算双方账实不符;甚至有可能在账实相符的情况下,由于财产物资的毁损变质等使账簿记录不符合客观实际。因此,为了保证会计账簿记录的真实、正确,为经济管理提供可靠的信息资料,必须运用"清查财产"这一行之有效的会计核算方法,对企业的各项财产进行定期清查,并与账簿记录核对,做到账实相符。

二、清查财产的方式

(一) 全面清查和局部清查

清查财产的方式按其范围不同,分为全面清查和局部清查。

1. 全面清查

全面清查是指对所有的财产进行全面盘点与核对。其清查对象主要包括原材料、在产品、自制半成品、库存商品、库存现金、银行存款、在途物资、委托加工物资、固定资产等。全面清查范围广,工作量大,一般在年终决算或企业撤销、合并或改变隶属关系时进行。

2. 局部清查

局部清查又称重点清查,是指根据需要只对财产中某些重点部分进行的清查。例如,流动资金中变化较频繁的原材料、库存商品等,除年度全面清查外,还应根据需要随时轮流盘点或重点抽查,各种贵重物资每月至少要清查一次。库存现金要天天核对,银行存款每月至少要与银行对账单逐笔核对一次。

(二) 定期清查和不定期清查

清查财产的方式按其时间的不同,分为定期清查和不定期清查。

1. 定期清查

定期清查是指按照预先计划安排的时间对财产进行的盘点和核对,一般是在年、季、月度终了后进行。

2. 不定期清查

不定期清查又称临时清查,是指根据实际需要临时进行的财产清查,一般是在更换财产物资保管人员,企业撤销、合并或发生财产损失等情况时进行的。

定期清查和不定期清查的范围应视具体情况而定,可全面清查也可局部清查。

三、财产物资的盘存制度

财产物资的盘存制度有两种,即永续盘存制和实地盘存制。单位可根据经营管理的需要和财产物资品种的不同,分别采用不同的方法,以达到账实相符的目的。

1. 永续盘存制

永续盘存制又称账面盘存制,是平时对企业各项财产物资分别设立明细账,根据会计凭证连续记载其增减变化并随时结出余额的一种物资盘存管理制度。这种盘存制,能从账簿资料中及时反映出企业各项财产、物资的结存数额。为及时掌握企业财产增减变动情况和余额提供可靠依据，以便加强企业财产物资的管理。

2. 实地盘存制

实地盘存制又称以存计耗制或盘存计耗制，是平时根据有关会计凭证，只登记财产物资的增加数，不登记减少数，月末或一定时期，可根据期末盘点资料，查清各种财产物资的实有数额，再根据“期初结存＋本期增加数－本期实存数＝本期减少数”的公式，倒轧出本期减少数额，即以存计耗或以存计销，并记入有关明细账中的一种物资盘存管理制度。这种方法，其工作比较简单，虽然看起来账是平衡的，但手续不够严密，不易发现管理中存在的问题。

由于财产物资种类繁多，存在形态各异，对实物、货币资金、结算款项等应采取不同的方式进行清查。

四、清查财产的方法

1. 清查实物资产

清查实物资产是指对原材料、在产品、库存商品、固定资产等财产物资的清查。对这类财产的清查通常可按其实物特点，如体积、形态、数量、重量及堆垛方式不同；逐一进行点数或量尺、过秤。在清点中，对于包装完整的商品、物资，可按大件清点，必要时可抽查细点。有些堆垛笨重的商品，点数、过秤确有困难的，也可采用技术测算的方法，以确保检查质量。

盘点时，除了清点财产物资的实有数外，还要对财产物资的质量，通过采用物理或化学的方法来重新确定等级，并查明财产物资在保管上是否存在问题。

为了明确经济责任，在进行盘点清查时，保管人员必须在场，对于盘点结果，应如实登记在盘存单上，并由盘点人员和保管人员签字盖章。盘存单是记录盘点结果的书面证明，也是反映财产物资实存数的原始凭证。其一般格式如表 6-73 所示。

表 6-73

盘 存 单

编　　号：

盘点时间：　　　　财产类别：　　　　存放地点：

编号	名称	规格	计量单位	数量	单价	金额	备注

盘点人：　　　　保管人：

该盘存单一般填制一式三份：一份由清点人员留存备查；一份交实物保管人员保存；一份交财会部门与账面记录相核对。

为了查明实存数与账存数是否一致，确定盘亏或盘盈情况，还要根据盘存单和有关账簿记录，编制账存实存对比表，通过对比，揭示账面结存数与实际结存数之间的差异。该表既是用以调整账簿记录的重要原始凭证，又是分析产生差异的原因和明确经济责任的依据。账存实存对比表的一般格式如表 6-74 所示。

表 6-74

账存实存对比表

财产类别：　　　　　　　　　　　　年　月　日　　　　　　　　　　　　编　号：

编号	名称及规格	计量单位	单价	实存		账存		对比结果		备注
				数量	金额	数量	金额	盘盈	盘亏	

在实际工作中，为了简化工作，账存实存对比表通常只列账实不符的财产物资，对于账实完全相符的财产物资并不列入。这样的账存实存对比表，主要是反映盘盈盘亏情况，因而又称盘点盈亏报告表。

对于委托外部加工、保管的财产物资，也在清查之列，可采用询证的方法与对方单位联系核实，如有不符，同样要查明原因，按规定进行处理并及时调整账面，以达到账实相符。

2. 清查库存现金

清查库存现金采用实地盘点法，清查前，出纳员应将现金收、付业务全部登记入账。清查时出纳员要在场，清查时，一般由主管会计或财务负责人和出纳人员共同清点出各种面值的张数和硬币的个数，确定库存现金的实存数，再与现金日记账的账面余额相核对，确定账实是否相符。同时要检查现金管理制度的遵守情况，如库存现金有无超过其限额，有无白条抵库、挪用舞弊等情况。盘点结束后，要填制"库存现金盘点报告单"，如表 6-75 所示。

表 6-75

库存现金盘点报告单

单位名称：　　　　　　　　　　　　　　年　月　日

实存余额	账存余额	对比结果		备注
		盘盈	盘亏	

盘点人：　　　　　　　　　　　　　　　　　　　　　　　出纳：

有价证券主要包括股票、债券等。其清查方法和库存现金相同。

3. 清查银行存款

清查银行存款与清查实物、现金的方法不同，它是采取与开户银行核对账目的方法进行的。即将单位登记的银行存款日记账与银行转来的对账单逐笔核对增减额和同一日期的余额。通过核对，往往会发现双方账目不一致。其主要原因有两个：一是正常的未达账项，即一方已经入账，另一方由于凭证传递时间影响没有入账的款项；二是双方账目可能发生的不正常的错账、漏账。

在同银行核对账目以前，先检查本单位银行存款日记账，力求正确与完整，再与银行转来的对账单逐笔核对。如果发现错账、漏账，应及时查明更正。对于未达账项，则应于查明后编制银行存款余额调节表，以检查双方的账目是否相符。

产生未达账项的原因有以下四种情况：

(1) 企业已收，银行未收款。例如，企业收到销售支票，送存银行后，登记银行存款增加，而银行由于尚未收妥该笔款项，尚未记账，因而形成企业已收款入账，而银行尚未收款入账的情况。

(2) 企业已付，银行未付款。例如，企业开出支票支付某笔款项，并根据有关单据登记银行存款减少，而此时银行由于尚未接到该笔支付款项的凭证，未记减少，因而形成企业已付款记账，而银行尚未付款记账的情况。

(3) 银行已收，企业未收款。例如，银行代企业收入一笔外地汇款，银行已记存款增加，而企业由于尚未收到汇款凭证，未记增加，因而形成银行已收款入账，企业尚未收款入账的情况。

(4) 银行已付，企业未付款。例如，银行代企业支付某种费用，银行已记存款减少，而企业尚未接到有关凭证，未记减少，因而形成银行已付款记账，企业尚未付款记账的情况。

上述任何一种情况的发生，都会使双方的账面存款余额不相一致。为了消除未达账项的影响，企业应根据核对后发现的未达账项，编制银行存款余额调节表，据以调节双方账面余额。在实务上，对于这项调节工作，一般是将企业的账面余额和银行对账单余额各自补计对方已入账而本单位尚未入账的余额(包括增加金额和减少金额)，然后验证经过调节后的存款是否相等。如果相等，表明企业与银行的账目没有差错；否则，说明记账有错误，应进一步查明原因，予以更正。

【任务 6-8】 远东有限责任公司 20××年 12 月份银行存款日记账资料如本学习情境表6-4 所示。银行转来的对账单如表 6-76 所示。经过逐笔核对，在银行存款日记账和银行对账单上进行标识，如表 6-77 和表 6-78 所示。

表 6-76

中国工商银行对账单

户名：远东有限责任公司

账号：3500040109002325768

日期	交易类型	凭证种类	凭证号	摘 要	借方发生额	贷方发生额	余 额
20××.12.1				期初余额			20 000
20××.12.1			621			1 000 000	
20××.12.1			622			300 000	
20××.12.3			751		580 628		
20××.12.31			752		1 053		
20××.12.31			623			596 700	
20××.12.31			625			21 000	
20××.12.31			754		2 300		
20××.12.31			756		4 000		
20××.12.31							1 369 719

表 6-77

银行存款日记账

4

20××年 月	日	凭证号数	摘要	结算号码	借方（亿千百十万千百十元角分）	贷方（亿千百十万千百十元角分）	核对号	借或贷	余额（亿千百十万千百十元角分）
12	1		期初余额					借	2000000
	1	记1	收到投资款	621	100000000		✓	借	102000000
	1	记3	向银行借款	622	30000000		✓	借	132000000
	3	记4	购材料	751		55582800	✓	借	76417200
	22	记7	购计算器	752		104400	✓	借	76312800
	31	记16	销售甲产品	623	59160000		✓	借	135472800
	31	记17	销售A材料	624	1160000			借	136632800
	31	记18	支付广告费	755		954000		借	135678800
	31	记23	向希望工程捐款	756		400000	✓	借	135278800
	31		本月合计		190320000	57041200		借	135278800

表 6-78

中国工商银行对账单

户名:远东有限责任公司

账号:3500040109002325768

日期	交易类型	凭证种类	凭证号	摘 要	借方发生额	贷方发生额	余 额
20××.12.1				期初余额			20 000
20××.12.1			621			1 000 000 ✓	
20××.12.1			622			300 000 ✓	
20××.12.3			751		555 828 ✓		
20××.12.31			752		1 044 ✓		
20××.12.31			623			591 600 ✓	
20××.12.31			625			21 000	
20××.12.31			754		2 300		
20××.12.31			756		4 000 ✓		
20××.12.31							1 369 428

从表 6-77 和表 6-78 中可以看出，远东有限责任公司和其开户银行有下列未达账项：

(1) 企业已收，银行未收的款项款为 11 600 元。

(2) 企业已付，银行未付的款项款为 9 540 元。

(3) 银行已收，企业未收的款项款为 21 000 元。

(4) 银行已付，企业未付的款项款为 2 300 元。

根据上述资编制银行存款余额调节表，调整双方余额，如表 6-79 所示。

表 6-79

银行存款余额调节表

20××年 12 月 31 日　　　　单位：元

项　目	金额	项　目	金额
银行存款日记账余额	1 352 788	银行对账单余额	1 369 428
加：银行已收企业未收	21 000	加：企业已收银行未收	11 600
减：银行已付企业未付	2 300	减：企业已付银行未付	9 540
调节后存款余额	1 371 488	调节后存款余额	1 371 488

经过调节后重新求得的余额，既不等于本单位账面余额，也不等于银行账面余额，而是银行存款的真正实有数。

4. 清查往来账项

往来账项主要包括应收账款、应付账款、预收账款和预付账款等款项。

清查各项往来款项与清查银行存款一样，也是采取同对方单位核对账目的方法。首先，应将本单位往来账目核对清楚，确认准确无误后，再向对方填发对账单。对账单应按明细账逐笔抄列一式两联。其中一联作为回单，对方单位如核对相符，应在回单上盖章后退回；如发现数字不符，应将不符情况在回单上注明或另抄对账单退回，作为进一步核对的依据。在收到对方单位回单后，应填制往来账项清查表。其格式如表 6-80 所示。

表 6-80

往来账项清查表

明细分类账		清查结果		核对不符原因分析			备注
名称	账面余额	核对相符金额	核对不符金额	未达账项金额	有争议款项金额	其他	

企业通过往来账项的清查，要及时催收该收回的账款，偿还该偿付的账款，对清查过程中有争议或确实无法收回的款项，要及时处理，避免坏账损失。

五、清查财产结果的账务处理

清查财产的结果，必须严格遵循国家财务制度的有关规定，严肃认真处理。对财产清查中发现的盘盈盘亏等情况，一般分以下两个步骤进行账务处理：

第一步，将清查核实后的盘盈盘亏情况，形成书面材料，上报有关部门办理报批手续，同时，根据盘存单或实存账存对比表调整账簿记录，做到账实相符，并将盈亏数额记入“待处理财产损溢”账户。

第二步，审批后，根据上级处理意见，编制记账凭证，登记有关账簿，追回应由保险公司或责任人负担的损失，同时核销“待处理财产损溢”账户。

为了核算与监督企业在财产清查中财产物资的盘盈和盘亏情况，应当设置“待处理财产损溢”账户。“待处理财产损溢”账户用来核算企业在财产清查过程中查明的各项财产物资的盘盈和盘亏的价值。该账户的贷方登记待处理财产物资的盘盈数，及经批准后的盘亏转销数；借方登记待处理财产物资的盘亏数，及经批准后的盘盈转销数。贷方余额表示尚待批准处理的财产物资盘盈数；借方余额表示尚待批准处理的财产物资盘亏数。其明细核算可按盘盈、盘亏的资产种类和项目设置。

对于企业财产的盘亏，应查明原因，在期末结账前处理完毕，处理后该账户应无余额。

【任务6-9】 某企业财产清查中发现盘亏机器一台，原账面价值60 000元，已提折旧40 000元，已办理保险8 000元，尚未收到保险款。

（1）审批前，编制凭证，调整账面记录如下：

借：待处理财产损溢——待处理固定资产损溢　　20 000
　　累计折旧　　40 000
　贷：固定资产——机器　　60 000

（2）审批后，根据批复意见，编制会计分录如下：

借：其他应收款——保险公司　　8 000
　　营业外支出　　12 000
　贷：待处理财产损溢——待处理固定资产损溢　　20 000

【任务6-10】 某企业在财产清查中，盘盈账外钢材5吨，价值20 000元。经查明，这项盘盈材料，因计量仪器不准，造成生产领用少付多算，经批准冲减本月份管理费用暂不考虑增值税因素。

（1）审批前，编制凭证，调整账面记录如下：

借：原材料　　20 000
　贷：待处理财产损溢——待处理流动资产损溢　　20 000

（2）审批后，根据批复意见，编制会计分录如下：

借：待处理财产损溢——待处理流动资产损溢　　20 000
　贷：管理费用　　20 000

【任务6-11】 某企业在财产清查中，发现购进的某种原材料实际库存较账面结存短缺1 000元(暂不考虑增值税因素)。

（1）报经批准前，先调整账面余额，编制会计分录如下：

借：待处理财产损溢——待处理流动资产损溢　　1 000
　贷：原材料　　1 000

（2）批准后：

如属于定额范围内的自然损耗，则应列作管理费用，计入本期损益，编制会计分录如下：

借：管理费用　　1 000
　贷：待处理财产损溢——待处理流动资产损溢　　1 000

如属于管理人员过失造成，则应由过失人赔偿，编制会计分录如下：

借：其他应收款——××人　　1 000
　贷：待处理财产损溢——待处理流动资产损溢　　1 000

如属于非常损失，则应经批准列作营业外支出，编制会计分录如下：

借：营业外支出　　1 000

　贷：待处理财产损溢——待处理流动资产损溢　　1 000

根据增值税会计处理的规定，企业购进的材料、产成品等发生非正常损失，以及因改变用途等原因发生的损益，其进项税额应相应转入有关账户，借记“待处理财产损溢”及有关账户，贷记“应交税费——应交增值税(进项税额转出)”账户。属于转作待处理财产损失的部分，应与遭受损失的购进材料成本一并处理。如本例进项税额为160元(1 000×16%)，应先借记“待处理财产损溢”账户，然后分别不同情况，将160元转入“管理费用”“其他应收款”或“营业外支出”账户。

学习子情境4　对账和结账

一、对账

(一) 对账的意义

为了保证账簿记录的真实可靠，在有关经济业务入账以后，应对账簿记录的有关数据进行检查和核对，这种核对工作，在会计上称为对账。它是会计核算的一项重要内容。

在会计工作中，由于各种原因，难免发生记账、计算等差错和账实不符现象，为确保账簿记录的正确、完整和真实，在有关经济业务入账之后，必须进行账簿记录的核对，对账工作是为保证账证相符、账账相符和账实相符的一项检查性工作。

对账工作一般在月末进行，即在记账之后、结账之前进行对账。若遇特殊情况，如有关人员调动，在办理调动手续前或发生非常事件后，应随时进行对账。对账的一些基础性工作，一般在平日进行。

(二) 对账的内容

1. 账证核对

账证核对是将各种账簿(总账、明细账、现金日记账和银行存款日记账)的记录与有关会计凭证(记账凭证及其所附的原始凭证)相核对，做到账证相符。这是保证账账相符、账实相符的基础。账证核对工作，平常是通过编制凭证和记账中的“复核”环节进行的。在结账时，如对主要内容有疑问之处，应进行重点抽查与核对。

2. 账账核对

账账核对是在账证核对的基础上，各种账簿之间有关指标的核对，主要包括以下内容：

(1) 总账各账户借方期末余额合计数与贷方期末余额合计数核对相符。

(2) 现金日记账、银行存款日记账期末余额以及各明细账的期末余额合计数与有关总账账户期末余额核对相符。

(3) 会计部门各种财产物资明细账期末余额与财产物资保管和使用部门的有关财产物资明细账期末余额核对相符。

以上各种账簿间的核对，可以直接进行核对，对内容较多的可以通过编表进行核对。

3. 账实核对

账实核对是在账账核对的基础上，将各种财产物资的账面余额与实存数相核对，主要包括以下内容：

(1) 现金日记账账面余额与现金实际库存数额相核对。

(2) 银行存款日记账账面余额与开户银行对账单相核对。

(3) 各项财产物资明细账账面余额与财产物资实存数额相核对。

(4) 各种应收、应付款明细账账面余额与有关债权债务单位的账目相核对。

以上各种账实核对，一般是通过清查财产的方法进行的。清查财产是会计核算的专门方法之一，其具体内容已在学习子情境 3 中介绍，此处略。

二、结账

(一) 结账的意义

结账就是把一定会计期内所发生的各项经济业务全部登记入账，在此基础上，将各种账簿记录结出本期发生额和期末余额，从而根据账簿记录，编制会计报表。

各会计期间内所发生的经济业务，在该会计期间全部登记入账并对账以后，即可通过账簿记录了解经济业务的发生和完成情况，但管理上需要掌握各会计期间的经济活动情况及其结果，并相应编制各会计期间的会计报表，而根据会计凭证将经济业务记入账簿后，还不能直观地获得所需的各项数字资料，必须通过结账的方式，把各种账簿记录结算清楚，提供所需的各项信息资料。

会计分期一般实行日历制，月末进行计算，季末进行结算，年末进行决算。结账工作应于各会计期末进行，所以结账工作可以分为月结、季结和年结。

(二) 结账的程序

结账程序主要包括以下两个步骤：

(1) 结账前，必须将属于本期内发生的各项经济业务和应由本期受益的收入、负担的费用全部登记入账。在此基础上，才能保证结账的有用性，确保会计报表的正确性。为此，不得把将要发生的经济业务提前入账，也不得把已经在本期发生的经济业务延至下期(甚至以后各期)入账。

(2) 结账时，应在各账户的最后一笔记录下面划一通栏红线，表示本期结束，然后在红线下结算出本期发生额和期末余额，在摘要栏内注明“本月(季)合计”字样，并在下面再划一通栏红线；当月需要结出本年累计发生额的，为了反映自年初开始直至本月月末为止的累计发生额，还应在月结下面单列一行进行累计发生额的登记，并在下面再划一根通栏红线。

(三) 结账的方法

1. 月结

月结是指对某账户在 1 个月内的增减变化情况和结果作一个总结。其具体做法是：月末，在各账户本月份最后一笔记录下面划一根通栏红线，表示本月结束；再在红线下结算出本月借方发生额、贷方发生额和期末余额(无月末余额的，可在“借或贷”栏内写上“平”并在“余额”栏写上“θ”)，在摘要栏注明“本月发生额及期末余额”或“本月合计”字样，并在下面划一根通栏红线，表示完成月结工作。

2. 季结

季结是指对某账户 1 个季度内的增减变化情况及结果作一个总结。其具体做法是：应在各账户本季度最后 1 个月的月结(需要按月结出本年累计发生额的，应在“本年累计”下面）下面划一根通栏红线，表示本季结束；然后，在红线下结算出本季度 3 个月的借方发生额、贷方发生额及季末余额，并在摘要栏内注明“第×季度发生额及余额”或“本季合计”字样，并在下面划一根通栏红线，表示完成季结工作。

3. 年结

年结是指对某账户 1 年内的各项数额的增减变动及结果作一总结。其具体做法是：在 12 月份结账记录的下面填列全年发生额合计数，在摘要栏写上“本年发生额及余额”或“本年合计”字样，并在下面划两根通栏红线，表示完成年结工作。需要更换新账的，应在进行年结的同时，在新账中有关账户的第一行“摘要”栏内注明“上年结转”或“年初余额”字样，并将上年的年末余额以同方向记入新账中的余额栏内，新旧账有关账户余额的转记事项，不编制记账凭证。结账的具体方法以学习情境 5 库存现金的结账为例，如表 6-81 所示。

表 6-81

总　　账

会计科目 库存现金

20××年		凭证号数	摘要	借方											贷方											核对号	借或贷	余额										
月	日			亿	千	百	十	万	千	百	十	元	角	分	亿	千	百	十	万	千	百	十	元	角	分			亿	千	百	十	万	千	百	十	元	角	分
12	1		期初余额																								借					1	2	0	0	0	0	0
	18	记6	马宏借差旅费																	5	0	0	0	0	0		借						7	0	0	0	0	0
	31	记13	马宏报销							1	8	0	0	0													借						7	1	8	0	0	0
	31	记22	王伟交罚款						3	0	0	0	0	0													借					1	0	1	8	0	0	0
	31		本月合计						3	1	8	0	0	0						5	0	0	0	0	0		借					1	0	1	8	0	0	0
	31		本年合计					5	6	1	7	0	0	0					5	7	9	9	0	0	0		借					1	0	1	8	0	0	0

学习子情境 5　更换和保管会计账簿

一、更换会计账簿

为了保持会计账簿资料的连续性，在每一会计年度结束，新的会计年度开始时，应按会计制度的规定，对会计账簿进行更换。

(1) 总账、日记账和大部分明细账每年都要更换一次，各种账簿在年度终了结账时，各个账户的年终余额都要直接记入新年度启用的有关新账中去，即在旧账中各账户年终余额的“摘要”栏内要加盖“结转下年”戳记，同时在新账中有关账户的第一行“摘要”栏内注明“上年结转”或“年初余额”字样，并在“余额”栏记入上年余额。

在年度内，订本账记满需更换新账时，其办理手续与年初更换新账簿相类似。

(2) 变动较少的一小部分明细账，如固定资产明细账，可以继续使用，不必每年更换新账。但在“摘要”栏内，要加盖“结转下年”戳记，以划分新旧年度之间的金额界限。

二、保管会计账簿

各种账簿同会计凭证及会计报表一样，都是重要的经济档案和历史资料，必须按照会计制度统一规定的保存年限妥善保管，不得丢失和任意销毁。保管期满以后，还要按照规定的审批程序报经批准以后，才能在有关人员及领导监督情况下销毁。

各种会计账簿的保管，既要保证其安全、完整，又要保证在需用时能迅速查到，为此，会计人员必须在年度结束后，将各种活页账簿连同账簿使用登记表装订成册，加上封面，统一编号，与各种订本账一起归档保管。

本学习情境小结

会计账簿简称账簿，是指由一定格式的账页组成的，以经过审核的会计凭证为依据，全面、系统、连续地记录各项经济业务的簿籍。

账簿按用途不同，可以分为序时账簿、分类账簿和备查账簿。

账簿按外形特征不同，可以分为订本账、活页账和卡片账。

账簿按账页格式不同，可以分为三栏式账簿、多栏式账簿和数量金额式账簿。

设置账簿应考虑满足本单位需要，要组织严密，既要避免重复设账，又要避免遗漏或盲目简化、要精简灵便并切合实际。

会计账簿的内容主要包括封面、扉页和账页。

启用新账簿时要填写账户目录和账簿使用登记表，登记账簿时要按照登记账簿规则登账；登记账簿包括登记日记账、明细账和登记总账。登记总账的方式取决于所采用的账务处理程序，账务处理程序主要有记账凭证账务处理程序和科目汇总表账务处理程序等。登记总账和明细账时要做到平行登记；发生错账，要按照更正错账方法进行更正。

为保证账簿记录正确，要清查财产，清查财产按其清查范围的不同，可分为全面清查和局部清查。清查财产按其清查时间的不同，可分为定期清查和不定期清查。

财产物资的盘存制度有永续盘存制和实地盘存制。

清查财产后若账面数额与实际数额不符，要编制会计分录予以调整，以做到账实相符。

结账前应进行对账，对账的内容有账证核对、账账核对和账实核对，再按照结账方法进行结账。

为了保持会计账簿资料的连续性，在每一会计年度结束，新的会计年度开始时，应按会计制度的规定，对会计账簿进行更换，并按照会计档案管理要求进行保管。

同步实训

一、单选题

1. 各种账务处理程序的主要区别在于(　　)不同。

A. 登记总账的依据

B. 汇总的记账凭证

C. 汇总的凭证格式

D. 节省工作时间

2. 总账、现金日记账和银行存款日记账应采用(　　)。

A. 活页账　　B. 卡片账

C. 订本账　　D. 数量金额账

3. 银行存款清查的方法是(　　)。

A. 实地盘点法　　B. 与银行核对账目

C. 技术推算　　D. 函证核对法

4. 下列项目中,不能作为登记总账依据的是(　　)。

A. 科目汇总表　　B. 记账凭证

C. 汇总记账凭证　　D. 原始凭证

5. 科目汇总表账务处理程序是根据科目汇总表来登记(　　)。

A. 现金日记账　　B. 明细账　　C. 总账　　D. 备查账

6. 在结账之前,如果发现账簿记录有错误,而记账凭证填制正确,更正时可采用的方法是(　　)。

A. 红字更正法　　B. 更换账页法

C. 补充登记法　　D. 划线更正法

7. 下列账户中,应设置数量金额式明细账账页的是(　　)。

A. "应收账款"　　B. "实收资本"

C. "原材料"　　D. "预付账款"

8. 根据记账凭证直接登记总账的账务处理程序称为(　　)。

A. 记账凭证账务处理程序　　B. 汇总记账凭证账务处理程序

C. 科目汇总表账务处理程序　　D. 多栏式日记账账务处理程序

9. 年终决算之前,一般应进行(　　)。

A. 定期清查　　B. 不定期清查

C. 全面清查　　D. 局部清查

10. 对各项财产物资的盘点结果,编制并据以调整账面记录的原始凭证是(　　)。

A. 入库单　　B. 出库单

C. 领料单　　D. 账存实存对比表

二、多选题

1. 平行登记的要点有(　　)相同。

A. 时间　　B. 方向　　C. 金额　　D. 依据

2. 清查财产按其清查时间的不同,可分为(　　)。

A. 全面清查　　B. 局部清查

C. 定期清查　　D. 不定期清查

3. 对账工作的内容有(　　)。

A. 账物核对　　B. 账账核对　　C. 账实核对　　D. 账证核对

4. 账簿按其用途的不同,可分为(　　)。

A. 序时账簿　　B. 分类账簿

C. 联合账簿　　D. 备查账簿

5. 账簿按账页格式分类,可分为(　　)。

A. 三栏式账簿　　B. 数量金额式账簿
C. 多栏式账簿　　D. 订本式账簿

6. 账簿按其外形特征的不同，可分为(　　)。
A. 卡片账　　B. 明细账
C. 订本账　　D. 活页账

7. 借方多栏式明细账一般适用的账户有(　　)。
A. "生产成本"　　B. "管理费用"
C. "制造费用"　　D. "营业外收入"

8. 清查财产按其清查范围的不同，可分为(　　)。
A. 全面清查　　B. 局部清查
C. 定期清查　　D. 不定期清查

9. 财产物资的盘存制度有(　　)。
A. 集中核算　　B. 非集中核算
C. 永续盘存制　　D. 实地盘存制

10. 结账的方法包括(　　)。
A. 月结　　B. 季节　　C. 半年结　　D. 年结

三、判断题

1. 设置和登记账簿是连接会计凭证和会计报表的中间环节，是编制会计报表的基础。(　　)
2. 科目汇总表账务处理程序能科学地反映账户的对应关系，且便于账目核对。(　　)
3. 对银行存款清查时，如果发现企业与银行账目不一致，其原因就是未达账项。(　　)
4. 银行存款余额调节表是调整企业银行存款账面余额的原始凭证。(　　)
5. 账簿是重要的经济档案和历史资料，必须永远保管。(　　)

四、业务题

业务一

(一) 目的

开设和登记账簿。

(二) 资料

以学习情境5同步实训中的业务题为资料。

(三) 要求

1. 开设总账账户。
2. 采用记账凭证核算形式登记总账。
3. 编制科目汇总表。
4. 根据科目汇总表登记总账。

业务二

(一) 目的

查找未达账项，编制银行存款余额调节表。

（二）资料

宇海股份有限公司 20××年 12 月份银行存款资料如下：

1. 银行存款日记账，如表 6-82 所示。

表 6-82

银行存款日记账

4

20××年 月	日	凭证号数	摘要	结算号码	借方（亿千百十万千百十元角分）	贷方（亿千百十万千百十元角分）	核对号	借或贷	余额（亿千百十万千百十元角分）
12	1	(略)	期初余额					借	920000
	1		销售产品	711	2000000			借	2920000
	1		销售产品	712	1600000			借	4520000
	3		购材料	807		3000000		借	1520000
	31		购办公用品	808		20000		借	1500000
	31		销售产品	715	1800000			借	3300000
	31		销售A材料	714	250000			借	3550000
	31		支付广告费	810		200000		借	3350000
	31		向希望工程捐款	812		130000		借	3220000
12	31		本月合计		5650000	3350000		借	3220000

2. 银行对账单，如表 6-83 所示。

表 6-83

中国工商银行对账单

户名：宇海股份有限公司

账号：3500040109006695556

日期	交易类型	凭证种类	凭证号	摘要	借方发生额	贷方发生额	余额
20××.12.1				期初余额			9 200
20××.12.1			711			20 000	
20××.12.1			712			16 000	
20××.12.3			807		30 000		
20××.12.31			808		200		
20××.12.31			715			18 000	
20××.12.31			716			3 000	
20××.12.31			810		2 000		
20××.12.31			811		2 200		
20××.12.31							31 800

（三）要求

1. 根据所给资料，查出未达账项。

2. 编制银行存款余额调节表，如表 6-84 所示。

表 6-84

银行存款余额调节表

20××年 12 月 31 日　　　　单位：元

项　目	金额	项　目	金额
银行存款日记账余额		银行对账单余额	
加：		加：	
减：		减：	
调节后存款余额		调节后存款余额	

业务三

（一）目的

更正错账方法

（二）资料

某企业在结账前发现下列情况：

1. 仓库发出材料一批，价值 4 000 元，用于生产产品，在编制记账凭证时，借方科目误写为"制造费用"并已登记入账。

2. 将现金 6 000 元送存银行，在填制记账凭证时，将金额误记为 9 000 元，并已登记入账。

3. 从银行提取现金 70 000 元，填制记账凭证时将金额误记 7 000 元，并据以入账，但会计科目、借贷方向均无错误。

（三）要求

采用适当方法更正错账。

学习情境7

编制会计报表

教学目标

知识

1. 熟记会计报表的概念和分类；
2. 描述资产负债表和利润表的内容、结构与编制原理；
3. 掌握资产负债表和利润表的编制方法；

技能

4. 能准确地编制试算平衡表；
5. 能编制简单的资产负债表和利润表；

素养

6. 树立遵纪守法观念，养成严肃、认真的工作态度。

情境学习导图

- 编制会计报表
  - 编制会计报表的意义
    - 会计报表的意义和作用
    - 会计报表的种类
    - 会计报表的设计原则、编制原理和要求
  - 编制资产负债表
    - 资产负债表的内容和结构
    - 编制资产负债表的方法
    - 举例编制资产负债表
  - 编制利润表
    - 利润表的结构
    - 编制利润表的方法
    - 举例编制利润表
  - 现金流量表
    - 现金流量表的意义
    - 现金流量表的结构

学习子情境1　编制会计报表的意义

一、会计报表的意义和作用

(一) 会计报表的意义

会计报表是以货币为主要计量单位，根据账簿记录和其他日常核算资料，以一定的指标体系，总括地反映会计主体在某一时点的财务状况和某一会计期间经营成果及现金流量的书面文件。

编制会计报表是财务会计部门提供财务信息资料的重要手段，也是会计工作的重要内容。日常会计核算虽然可以提供反映会计主体经营活动和财务收支情况的会计信息资料，但是反映在会计凭证和账簿上的会计资料比较分散，不集中、不概括、不便于理解和利用，很难符合国家宏观经济管理的要求，更难满足单位内部加强经营管理的需要。因此，必须按会计制度规定，在日常会计核算的基础上，以账簿为主要依据，定期编制会计报表，以总括、清晰地反映会计主体的财务状况、经营成果和现金流量情况。

(二) 会计报表的作用

会计报表所提供的会计信息，无论对本单位，还是对上级主管部门、金融部门、财税部门和对本单位有经济利害关系的其他单位、个人都具有重要作用。这主要表现在以下三个方面：

(1) 会计报表所提供的会计信息资料，是各单位的上级主管部门和国家经济管理机关考核各单位财务状况、经营成果和现金流量的重要依据，也是进行综合平衡、制定宏观经济决策的重要经济信息来源。

(2) 会计报表所提供的会计信息是投资者、债权人等了解企业单位的财务状况、经营成果和经济效益，进行投资和信贷决策的依据。

(3) 会计报表所提供的会计信息资料，是企业内部管理人员和职工了解企业财务状况和经营成果的重要经济信息来源。这有利于企业总结经验，制定和改善经营管理措施，不断提高企业的经济效益。

请思考：会计报表有哪些作用？

二、会计报表的种类

(一) 会计报表按其反映的经济内容分类

会计报表按其反映经济内容不同，分为资产负债表、利润表和现金流量表。资产负债表、利润表、现金流量表将在后续子情境里介绍。

(二) 会计报表按其编报的时间分类

会计报表按其编报时间的不同分类，分为月份会计报表、季度会计报表和年度会计报表。

(1) 月份会计报表。月份会计报表是指按月编制和报送反映某一月份资产负债和利润情况的会计报表。月份会计报表可以反映企业月份的财务状况及经营成果等基本情况，如资产负债表和利润表。

(2) 季度会计报表。季度会计报表是指按季度编制、报送，主要反映企业某一季度资产负债和利润情况的会计报表。

(3) 年度会计报表。年度会计报表是指按年编制、报送，用来全面、综合地反映企业在一个会计年度内全年的经营情况及其结果的会计报表，如现金流量表。

(三) 会计报表按报送的对象分类

会计报表按报送对象的不同，可分为对外报表和内部报表。

(1) 对外报表。对外报表是指企业等单位按规定必须定期编制，定期向其上级部门、财税等部门报送或按规定向社会公布的会计报表。

(2) 内部报表。内部报表是指企业等单位根据其内部经营管理的需要而自行设计、编制的供其内部管理人员使用的会计报表。

(四) 会计报表按编制基础分类

会计报表按编制基础的不同，可分为个别会计报表、汇总会计报表和合并会计报表。

(1) 个别会计报表。个别会计报表是指一般根据账簿记录进行加工后编制，以反映个别企业的财务状况和经营成果的会计报表。

(2) 汇总会计报表。汇总会计报表是指由企业主管部门或上级机关，根据所属单位报送的个别会计报表，连同本单位会计报表简单汇总编制的会计报表。

(3) 合并会计报表。合并会计报表是指由母公司编制的，在母公司和子公司个别会计报表的基础上，对企业集团内部交易进行相应抵销后编制的会计报表，以反映企业集团综合的财务状况和经营成果。

请思考：会计报表有哪些分类标准？各分为哪些？

三、会计报表的设计原则、编制原理和要求

(一) 会计报表的设计原则

会计报表是会计部门提供会计信息资料的重要手段。为了充分发挥会计信息的作用，在设计会计报表时，应当遵循以下主要原则：

第一，会计报表提供的会计信息应当符合国家宏观经济管理的要求，满足有关方面了解本单位财务状况、经营成果和现金流量的需要，满足本单位加强内部经营管理的需要。

如前所述，会计报表所提供的信息资料，既是国家宏观经济管理和决策的重要经济信息来源，又是投资者、债权人等报表使用者了解企业单位的财务状况、经营成果和经济效益，进行投资和信贷决策的依据，还是本单位内部管理人员和职工了解企业财务状况和经营成果的重要经济信息来源。因此，会计报表所提供的信息要满足各方面的需要，并充分反映重要的经济信息，以便会计报表使用者作出决策。

第二，会计报表提供的会计信息应当全面反映本单位的财务状况和经营成果，对重要的业务应当单独反映。

会计报表是会计部门向企业内外提供会计信息的重要手段。企业内外的报表使用者通

过阅读会计报表，能够全面了解该单位的财务状况和经营成果。因此，会计报表提供的会计信息应该全面、概括，同时又应突出重点，对于重要的经济业务，应单独核算、单独反映；对于不重要的经济业务，则可简化、合并反映，提高会计报表的效用。

第三，会计报表应当清晰明了、便于理解和利用。报表项目的设置和分类以及列示方法，都应遵循清晰明了、便于理解和利用的原则。例如，在资产负债表中，对流动资产和流动负债设置了较多的报表项目，以便报表使用者考察企业的资金流动性和偿债能力。

为了便于某一单位不同时期的分析对比，了解该单位发展变化的情况，会计报表可以采用前后期对比方式编列。采用前后期对比方式编列时，如上期的项目分类和内容与本期不一致，应当将上期数按本期项目和内容调整有关数字。

第四，采用国际通行的会计报表体系，统一和简化对外报送的会计报表。在当前的经济活动中，会计是一种国际通用的商业语言，为适应企业发展的需要，必须采用国际通行的会计报表体系。这样才能互相了解对方的财务状况，促进交流与合作。向外报送的会计报表主要有资产负债表、利润表和现金流量表三张主要报表，这不仅统一和简化了对外报送的会计报表，而且和国际通行会计报表体系相一致，能在更大范围内发挥会计报表的作用。

（二）会计报表的编制原理

会计报表所反映的内容和提供的经济指标比较多。会计报表是以账簿上的数字资料为主要依据编制的，因此，会计报表的编制原理同复式记账原理有着密切联系。会计报表的编制原理主要包括以下几个方面。

1. 按照期末余额编制的会计报表

在企业会计主体中，资产、负债和所有者权益等资本金运动的静态表现，是通过有关账簿在某一特定日期或时点（月末、季末、年末）上的账面余额反映的。提供静态指标的资产负债表是根据总账和有关明细账的期末余额编制的。

2. 按照本期发生额编制的会计报表

在会计主体中，资金的投入、耗费、退出、收回和利润的实现是资金运动的动态表现，是通过有关账户在一定时期（1个月、1个季度、1年）内的发生额反映的。提供动态指标的利润表等，主要是根据有关总账和明细账的本期发生额编制的。

3. 按照余额和发生额结合编制的会计报表

有的会计报表是同时反映资金动态和静态表现相结合的指标，如现金流量表，应根据有关总账和明细账的期初余额、本期增加发生额、本期减少发生额和期末余额分析计算填列。

（三）会计报表的编制要求

为了确保会计报表的质量，充分发挥会计报表的作用，在编制会计报表时，应做到如下四点要求。

1. 数字真实

会计核算应当以实际发生的经济业务为依据，如实反映财务状况和经营成果，会计报表的数字必须是实际发生数，不是预计数、估计数，更不能有意伪造数字。

账簿是编制会计报表的主要依据，应在编制报表前按期结账、认真对账和清查财产、编制总分类账户本期发生额及余额试算平衡表，将所有分散在各个账户的日常核算资料加以综合，借以检查核算资料的正确性和完整性，在核对无误的账簿记录基础上，据以编制各种会计报表。编制完会计报表后，必须认真复核，进一步核对账表数字是否相符、不同报表中同一指标的数字是否相符等，以确保会计报表数字的真实性。

2. 计算准确

各种会计报表中报表项目的金额主要是来自日常的账簿记录。但是，这并不完全是账簿数字的简单转抄。会计报表中有些报表项目的金额需要将有关会计科目的期末余额进行分析、计算整理后才能填列，而且报表项目之间也存在着一定的数量对应关系。因此，应采用正确的计算方法，保证计算结果准确。

3. 内容完整

会计报表必须按照规定的会计报表种类、格式和内容来编制，不应漏编、漏报会计报表，也不应漏填、漏列报表项目。对不同会计期间应当编报的各种会计报表，都应该编报齐全，对应当填列的报表项目，无论是表内项目，还是补充资料，都必须填列齐全。若有的项目无数字填，则应在金额栏划一横线，表示此项目无数字可填报。报表中需要加以说明的项目，则应在报表附注中说明，以便报表使用者理解和利用。

4. 编报及时

会计报表必须按规定的期限和程序，及时编制，及时报送，以便报表使用者及时地了解编报单位的财务状况和经营成果，也便于主管部门和地方财政等部门及时进行汇总。为了及时编制会计报表，会计部门应科学地组织好日常会计核算工作，认真做好记账、算账、对账和清查财产等工作。同时，要加强与企业内部各有关部门的协作，相互配合，使日常核算工作能均衡地进行，顺利地编制并及时报送会计报表。

学习子情境2 编制资产负债表

一、资产负债表的内容和结构

资产负债表是总括地反映企业在某一特定日期全部资产、负债和所有者权益情况的报表。企业必须按月、按季、按半年、按全年编制资产负债表，及时向有关管理部门和人员提供企业会计信息，作为企业投资人、债权人、国家有关管理部门和各级管理人员投资、信贷及经营决策的依据。

（一）资产负债表的内容

资产负债表的内容是由资产、负债和所有者权益三大要素组成的。每个要素又可分为若干个项目。

1. 资产

在资产负债表中，资产按其流动性分为流动资产和非流动资产。

流动资产主要包括货币资金、交易性金融资产、应收票据及应收账款、预付款项、其他应收款和存货等项目。

非流动资产是流动资产以外的所有资产，主要指长期股权投资、债权投资、固定资产、在建工程和无形资产等。

2. 负债

在资产负债表中，负债项目按到期日的长短，分为流动负债和非流动负债。

流动负债包括短期借款、应付票据、应付票据及应付账款、预收款项、应付职工薪酬、应交税费和其他应付款等。

非流动负债包括长期借款、应付债券和长期应付款等。

3. 所有者权益

所有者权益分为实收资本、资本公积、其他综合收益、盈余公积和未分配利润项目。

（二）资产负债表的结构

1. 资产负债表的编制原理

资产负债表是根据“资产＝负债＋所有者权益”这一会计等式编制的。

2. 资产负债表的基本结构

资产负债表由表头和表体两部分组成。表头部分应列明报表名称、编制单位名称、资产负债表日、报表编号和计量单位；表体部分是资产负债表的主体，列示了用以说明企业财务状况的各个项目。

资产负债表（如表 7-2 所示）采用左右平衡的账户式格式，左边是资产，反映企业资产情况；右边是负债和所有者权益，反映企业负债和所有者权益情况。表内的资产按流动性排列，分为流动资产和非流动资产；负债也按流动性排列，分为流动负债和非流动负债；所有者权益按原始资本与资本增值排列，投入资本列示于前，资本公积、盈余公积及未分配利润等项目列示于后。资产负债表中各项目所需填列的数字分“年初余额”与“期末余额”两栏，其目的是便于财务报告使用者对比分析。

二、编制资产负债表的方法

资产负债表的编制是指会计人员在规定的资产负债表的格式和栏目中，填列各有关具体项目金额的一项会计核算工作。编制资产负债表要求会计人员应熟悉会计准则及行业会计制度的规定，并掌握一定的编制方法。

资产负债表的编制一般要经过三个阶段：一要做好编制前的各项准备工作，包括认真进行财产清查，保证账实相符；认真清理核对账目，以求账账相符；准确进行结账等，以保证填列在资产负债表中各项目的金额正确无误。二要认真计算并填列表内各项目金额。三要认真复核，并请有关领导或会计主管人员审核、签名或盖章，办理各种手续。

资产负债表各项目的金额分为“年初余额”和“期末余额”两栏，其中“年初余额”各项目金额，应根据上年资产负债表的“期末余额”直接填列，“期末余额”各项目金额的填列方法有以下几种。

1. 直接根据总账账户余额填列

有些项目可根据其总账账户的余额直接填列，如“短期借款”“应付职工薪酬”“实收资本”“资本公积”等项目，可根据其总账账户的余额直接填列。

2. 根据若干个总账账户余额的合计数计算填列

例如，“货币资金”项目就是根据“库存现金”“银行存款”“其他货币资金”三个账户的合计数填列的。“存货”项目也是根据“在途物资”“原材料”“生产成本”“库存商品”“周转材料”等若干个账户余额合计后，再减去存货跌价准备后的净额填列的。

3. 根据明细账账户的余额分析填列

例如，“应收票据及应收账款”项目，其中的“应收账款”就是根据“应收账款”和“预收账款”所属明细账的借方余额合计数再减去坏账准备计算的。

4. 根据总账和明细账账户余额分析计算填列

例如，“长期借款”项目就是根据“长期借款”总账账户余额扣除“长期借款”明细账账户中反映的将于 1 年内到期的长期借款部分分析计算填列的。

5. 根据相关账户余额相减后填列

例如，“存货”“固定资产”“无形资产”等资产项目，反映企业期末持有的相应资产的实际价值，应当以扣减提取的相应资产减值准备后的净额填列。其中，“固定资产”“无形资产”等项目，还应按减去相应的“累计折旧”“累计摊销”账户余额后的金额填列。

请思考：资产负债表编制的理论依据是什么？

三、举例编制资产负债表

【任务 7-1】 以学习情境 5 远东有限责任公司 20××年 12 月份期初余额、当月发生的经济业务及学习情境 6 登记账簿并结账后的余额为资料，编制试算平衡表，如表 7-1 所示。根据表 7-1 资料编制资产负债表，如表 7-2 所示。

表 7-1

试算平衡表

20××年 12 月　　　　单位：元

会计科目	月初余额		本月发生额		月末余额	
	借方	贷方	借方	贷方	借方	贷方
库存现金	12 000.00		3 180.00	5 000.00	10 180.00	
银行存款	20 000.00		1 887 600.00	556 309.00	1 351 291.00	
应收账款	6 500.00				6 500.00	
其他应收款			5 000.00	5 000.00		
在途物资			480 000.00	480 000.00		
原材料	25 000.00		480 000.00	468 600.00	36 400.00	
库存商品			423 000.00	359 550.00	63 450.00	
生产成本			704 200.00	423 000.00	281 200.00	
制造费用			45 000.00	45 000.00		
固定资产	920 000.00		120 000.00		1 040 000.00	
累计折旧				10 140.00		10 140.00
无形资产			80 000.00		80 000.00	
短期借款		1 000.00		300 000.00		301 000.00
应付账款		32 000.00				32 000.00
应付职工薪酬				262 200.00		262 200.00
应交税费			62 409.00	94 486.83		32 077.83
应付利息				2 000.00		2 000.00
应付利润				351 641.27		351 641.27
长期借款		10 000.00				10 000.00
实收资本		140 500.00		1 200 000.00		1 340 500.00

（续表）

会计科目	月初余额		本月发生额		月末余额	
	借方	贷方	借方	贷方	借方	贷方
盈余公积				87 910.32		87 910.32
本年利润		800 000.00	1 323 000.00	523 000.00		
利润分配			879 103.18	1 318 654.76		439 551.58
主营业务收入			510 000.00	510 000.00		
主营业务成本			359 550.00	359 550.00		
税金及附加			519.10	519.10		
其他业务收入			10 000.00	10 000.00		
其他业务成本			10 000.00	10 000.00		
销售费用			9 000.00	9 000.00		
管理费用			32 460.00	32 460.00		
财务费用			2 000.00	2 000.00		
营业外收入			3 000.00	3 000.00		
营业外支出			4 000.00	4 000.00		
所得税费用			26 367.73	26 367.73		
合计	983 500.00	983 500.00	7 459 389.01	7 459 389.01	2 869 021.00	2 869 021.00

表 7-2

资产负债表

会企 01 表

编制单位：远东有限责任公司　　20××年 12 月 31 日　　单位：元

资产	期末余额	上年年末余额	负债和所有者权益（或股东权益）	期末余额	上年年末余额
流动资产：			流动负债：		
货币资金	1 361 471.00		短期借款	301 000.00	
交易性金融资产			交易性金融负债		
应收票据			应付票据		
应收账款			应付账款	32 000.00	
应收款项融资			预收账款		
预付账款			合同负债		
其他应收款	6 500.00		应付职工薪酬	262 200.00	
存货	381 050.00		应交税费	32 077.83	
合同资产			其他应付款	353 641.27	
一年内到期的非流动资产			一年内到期的非流动负债		
其他流动资产			其他流动负债		
流动资产合计	1 749 021.00		流动负债合计	980 919.10	

（续表）

资产	期末余额	上年年末余额	负债和所有者权益（或股东权益）	期末余额	上年年末余额
非流动资产：			非流动负债：		
债权投资			长期借款	10 000.00	
其他债权投资			应付债券		
长期应收款			租赁负债		
长期股权投资			长期应付款		
投资性房地产			预计负债		
固定资产	1 029 860.00		递延收益		
在建工程			递延所得税负债		
生产性生物资产			其他非流动负债		
油气资产			非流动负债合计	10 000.00	
使用权资产			负债合计	990 919.10	
无形资产	80 000.00		所有者权益（或股东权益）：		
开发支出			实收资本（或股本）	1 340 500.00	
商誉			资本公积		
长期待摊费用			其他综合收益		
递延所得税资产			盈余公积	87 910.32	
其他非流动资产			未分配利润	439 551.58	
非流动资产合计	1 109 860.00		所有者权益（或股东权益）合计	1 867 961.90	
资产总计	2 858 881.00		负债和所有者权益（或股东权益）总计	2 858 881.00	

学习子情境3 编制利润表

一、利润表的结构

利润表是反映企业一定会计期间经营成果的报表。利润表可以反映企业在一定会计期间收入、费用、利润（或亏损）的金额和构成情况，为财务报告使用者了解企业的经营成果，分析企业的获利能力及盈利增长趋势，从而为其作出经济决策提供依据。

（一）利润表的结构原理

利润表是根据“收入－费用＝利润”这一会计等式编制的。

(二) 利润表的基本结构

利润表的结构有单步式和多步式两种。单步式利润表是将当期所有的收入列在一起，所有的费用列在一起，然后将两者相减得出当期净损益。我国企业的利润表采用多步式结构，即对当期的收入和费用按性质加以归类，按利润形成的性质列示一些中间性利润指标，分步计算当期净损益，以便报表使用者了解企业经营成果的不同来源。利润表的格式，如表 7-3 所示。

表 7-3　　　　利　润　表

会企 02 表

编制单位：　　　　____年____月　　　　单位：元

项　目	本期金额	上期金额(略)
一、营业收入		
减：营业成本		
税金及附加		
销售费用		
管理费用		
财务费用		
其中：利息费用		
利息收入		
加：其他收益		
投资收益(损失以"—"号填列)		
其中：对联营企业和合营企业的投资收益		
净敞口套期收益(损失以"—"号填列)		
公允价值变动收益(损失以"—"号填列)		
信用减值损失(损失以"—"号填列)		
资产减值损失(损失以"—"号填列)		
资产处置收益(损失以"—"号填列)		
二、营业利润(亏损以"—"号填列)		
加：营业外收入		
减：营业外支出		
三、利润总额(亏损总额以"—"号填列)		
减：所得税费用		
四、净利润(净亏损以"—"号填列)		
(一)持续经营净利润(净亏损以"—"号填列)		
(二)终止经营净利润(净亏损以"—"号填列)		

（续表）

项 目	本期金额	上期金额(略)
五、其他综合收益的税后净额		
（一）以后不能重分类进损益的其他综合收益		
1. 重新计量设定受益计划净负债或净资产的变动		
2. 权益法下在被投资单位不能重分类进损益的其他综合收益中享有的份额		
……		
（二）以后将重分类进损益的其他综合收益		
1. 权益法下在被投资单位以后将重分类进损益的其他综合收益中享有的份额		
2. 可供出售金融资产公允价值变动损益		
3. 持有至到期投资重分类为可供出售金融资产损益		
4. 现金流量套期损益的有效部分		
5. 外币财务报表折算差额		
……		
六、综合收益总额		
七、每股收益		
(一)基本每股收益		
(二)稀释每股收益		

利润表一般由表头、表体两部分组成。表头部分应列明报表名称、编制单位名称、编制日期、报表编号和计量单位；表体部分是利润表的主体，列示了形成经营成果的各个项目和计算过程。

为使财务报表使用者比较不同期间利润的实现情况，判断企业经营成果的未来发展趋势，利润表的金额栏分为“本期金额”和“上期金额”。

二、编制利润表的方法

我国企业利润表的编制方法如下：

第一步，以营业收入为基础，减去营业成本、税金及附加、期间费用及资产减值损失，再加上公允价值变动收益（或减去公允价值变动损失）、投资收益（或减去投资损失）和其他收益后，计算出营业利润。

第二步，在营业利润的基础上，再加减营业外收支，计算得出本期实现的利润总额。

第三步，从利润总额中减去所得税费用后，计算出本期净利润（或净亏损）。

第四步，以净利润（或净亏损）和其他综合收益为基础，计算出综合收益总额。

第五步，以净利润为基础，计算出每股收益。

请思考：利润表编制的理论依据是什么？

三、举例编制利润表

【任务 7-2】 远东有限责任公司 20××年 12 月份根据试算平衡表(见表 7-1),编制利润表如表 7-4所示。

表 7-4

利　润　表

会企 02 表

编制单位:远东有限责任公司　　　20××年12月　　　单位:元

项　目	本期金额	上期金额(略)
一、营业收入	520 000.00	
减:营业成本	369 550.00	
税金及附加	519.10	
销售费用	9 000.00	
管理费用	32 460.00	
财务费用	2 000.00	
其中:利息费用	2 000.00	
利息收入		
加:其他收益		
投资收益(损失以"一"号填列)		
其中:对联营企业和合营企业的投资收益		
净敞口套期收益(损失以"一"号填列)		
公允价值变动收益(损失以"一"号填列)		
信用减值损失(损失以"一"号填列)		
资产减值损失(损失以"一"号填列)		
资产处置收益(损失以"一"号填列)		
二、营业利润(亏损以"一"号填列)	106 470.90	
加:营业外收入	3 000.00	
减:营业外支出	4 000.0	
三、利润总额(亏损总额以"一"号填列)	105 470.90	
减:所得税费用	26 367.73	
四、净利润(净亏损以"一"号填列)	79 103.17	
(一) 持续经营净利润(净亏损以"一"号填列)		
(二) 终止经营净利润(净亏损以"一"号填列)		
五、其他综合收益的税后净额		
(一) 以后不能重分类进损益的其他综合收益		
1. 重新计量设定受益计划净负债或净资产的变动		
2. 权益法下在被投资单位不能重分类进损益的其他综合收益中享有的份额		

（续表）

项　目	本期金额	上期金额（略）
……		
（二）以后将重分类进损益的其他综合收益		
1. 权益法下在被投资单位以后将重分类进损益的其他综合收益中享有的份额		
2. 可供出售金融资产公允价值变动损益		
3. 持有至到期投资重分类为可供出售金融资产损益		
4. 现金流量套期损益的有效部分		
5. 外币财务报表折算差额		
……		
六、综合收益总额		
七、每股收益		
（一）基本每股收益		
（二）稀释每股收益		

学习子情境4　现金流量表

一、现金流量表的意义

现金流量表是指企业一定会计期间现金和现金等价物流入、流出的报表。它是一张动态报表，是以现金的流入、流出反映企业在一定期间内的经营活动、投资活动和筹资活动的动态情况，反映企业现金流入、流出的全貌。

编制现金流量表的目的，是为会计报表使用者提供企业一定会计期间内现金和现金等价物流入、流出的信息，以便于报表使用者了解和评价企业获取现金和现金等价物的能力，并据以预测企业未来现金流量。

现金流量表，主要有以下三个作用：

(1) 现金流量表可以提供企业的现金流量信息，从而对企业整体财务状况作出客观评价。

(2) 现金流量表是在资产负债表和利润表已经反映企业财务状况和经营成果信息的基础上进一步提供财务状况变动信息。

(3) 现金流量表不但可以帮助企业了解当前的财务状况，还可以预测企业未来的发展前景。

二、现金流量表的结构

(一) 现金及现金流量

1. 现金及现金等价物

1) 现金

现金是指企业库存现金和可以随时用于支付的存款。会计上所说的现金通常指企业的库存现金，而现金流量表编制基础中的“现金”不仅包括“库存现金”账户核算的库存现金，还包括企业“银行存款”账户核算的存入金融企业，随时可以用于支付的存款，也包括“其他货币资金”账户核算的外埠存款、银行汇票存款、银行本票存款等其他货币资金。

应注意的是，银行存款和其他货币资金中有些不能随时用于支付的存款，如不能随时支取的定期存款等，不应作为现金，而应列为投资；而提前通知金融企业即可支取的定期存款，则应包括在现金范围内。

2）现金等价物

现金等价物是指企业持有的期限短（一般指从购买日起，3个月内到期）、流动性强、易于转换为已知金额的现金、价值变动风险很小的投资。比如，企业购买的、从购买日起3个月或更短时间内即可转换为现金的短期债券投资就是现金等价物。

2. 现金流量

1）现金流量

现金流量是指企业现金及现金等价物的流入和流出。现金流量是某一期间内企业现金流入和流出的数量。比如，企业销售商品、提供劳务、出售固定资产、向银行借款等取得现金，形成企业的现金流入；购买原材料、接受劳务、购建固定资产、对外投资、偿还债务等而支付现金等，形成企业的现金流出。现金流量信息能够表明企业经营状况是否良好、资金是否紧缺、企业偿付能力大小，从而为投资者、债权人、企业管理者提供非常有用的信息。

2）现金流量的分类

（1）经营活动产生的现金流量。经营活动是指企业投资活动、筹资活动以外的所有交易和事项。对工商企业来说，经营活动主要包括销售商品、提供劳务、经营性租赁、购买商品、接受劳务、支付广告费用、交纳税款等。通过经营活动产生的现金流量，可以说明企业的经营活动对现金流入和流出净额的影响程度，判断企业在不动用对外筹得资金的情况下，是否足以维持生产经营、偿还债务、支付股利和对外投资等。

（2）投资活动产生的现金流量。投资活动是指企业长期资产的购建和不包括在现金等价物范围内的投资及其处置活动。这里的长期资产是指固定资产、在建工程、无形资产、其他资产等持有期限在1年或一个营业周期以上的资产。这里的投资，既包括对外投资，又包括长期资产的购建与处置。投资活动包括取得和收回投资、购建和处置固定资产、购买和处置无形资产等。现金流量表中反映的投资活动产生的现金流量，可以用来分析企业通过投资获取现金流量的能力，以及投资产生的现金流量对企业现金流量净额的影响程度。

（3）筹资活动产生的现金流量。筹资活动是指导致企业资本及债务规模和构成发生变化的活动。筹资活动包括发行股票或接受投入资本、分派现金股利等。这里的债务是指企业对外举债所借入的款项，如发行债券、向金融企业借入款项以及偿还债务等。通过现金流量表中筹资活动产生的现金流量，可以分析企业通过筹资活动获取现金的能力，以及筹资产生的现金流量对企业现金流量净额的影响程度。

（二）现金流量表的结构

现金流量表分为两部分。

第一部分为正表。根据企业业务活动的性质和现金流量的来源，现金流量表采用报告式的结构，将企业一定期间产生的现金流量分为三类：经营活动产生的现金流量、投资活动产生的现金流量和筹资活动产生的现金流量，最后汇总反映企业现金及现金等价物净增加额。在有外币现金流量及境外子公司的现金流量折算为人民币的企业，还应单设“汇率变动对现金及现金等价物的影响”项目。一般企业现金流量表的格式如表 7-5 所示。

表 7-5　　现金流量表

会企 03 表

编制单位：　　　　____年____月　　　　单位：元

项　　目	本期金额	上期金额
一、经营活动产生的现金流量：		
销售商品、提供劳务收到的现金		
收到的税费返还		
收到其他与经营活动有关的现金		
经营活动现金流入小计		
购买商品、接受劳务支付的现金		
支付给职工以及为职工支付的现金		
支付的各项税费		
支付其他与经营活动有关的现金		
经营活动现金流出小计		
经营活动产生的现金流量净额		
二、投资活动产生的现金流量：		
收回投资收到的现金		
取得投资收益收到的现金		
处置固定资产、无形资产和其他长期资产收回的现金净额		
处置子公司及其他营业单位收到的现金净额		
收到其他与投资活动有关的现金		
投资活动现金流入小计		
购建固定资产、无形资产和其他长期资产支付的现金		
投资支付的现金		
取得子公司及其他营业单位支付的现金净额		
支付其他与投资活动有关的现金		
投资活动现金流出小计		
投资活动产生的现金流量净额		
三、筹资活动产生的现金流量：		
吸收投资收到的现金		
取得借款收到的现金		
收到其他与筹资活动有关的现金		
筹资活动现金流入小计		
偿还债务支付的现金		

（续表）

项　目	本期金额	上期金额
分配股利、利润或偿付利息支付的现金		
支付其他与筹资活动有关的现金		
筹资活动现金流出小计		
筹资活动产生的现金流量净额		
四、汇率变动对现金及现金等价物的影响		
五、现金及现金等价物净增加额		
加：期初现金及现金等价物余额		
六、期末现金及现金等价物余额		

第二部分为补充资料，是对正表内容的补充说明，主要包括三项内容：

（1）将净利润调节为经营活动现金流量。

（2）不涉及现金收支的投资和筹资活动。

（3）现金及现金等价物净增加情况。

补充资料不仅是对主表部分的补充说明，而且两者中的某些项目存在相等一致的关系。

（1）主表中的第一项“经营活动产生的现金流量净额”必须与补充资料中的第一项，由净利润调节后得到的“经营活动产生的现金流量净额”相等一致。

（2）主表中的最后第五项“现金及现金等价物净增加额”必须与补充资料中的最后第三项的“现金及现金等价物净增加额”相等一致。补充资料如表 7-6 所示。

表 7-6

现金流量补充资料

补充资料	本期金额	上期金额
1. 将净利润调节为经营活动现金流量：		
净利润		
加：计提的资产减值准备		
固定资产折旧、油气资产折耗、生产性生物资产折旧		
无形资产摊销		
长期待摊费用摊销		
处置固定资产、无形资产和其他长期资产的损失（收益以“一”号填列）		
固定资产报废损失（收益以“一”号填列）		
公允价值变动损失（收益以“一”号填列）		
财务费用（收益以“一”号填列）		
投资损失（收益以“一”号填列）		
递延所得税资产减少（增加以“一”号填列）		
递延所得税负债增加（减少以“一”号填列）		
存货的减少（增加以“一”号填列）		

（续表）

补充资料	本期金额	上期金额
经营性应收项目的减少（增加以“—”号填列）		
经营性应付项目的增加（减少以“—”号填列）		
其他		
经营活动产生的现金流量净额		
2. 不涉及现金收支的重大投资和筹资活动：		
债务转为资本		
一年内到期的可转换公司债券		
融资租入固定资产		
3. 现金及现金等价物净变动情况：		
现金的期末余额		
减：现金的期初余额		
加：现金等价物的期末余额		
减：现金等价物的期初余额		
现金及现金等价物净增加额		

本学习情境小结

会计报表是以货币为主要计量单位，根据账簿记录和其他日常核算资料，以一定的指标体系，总括地反映会计主体在某一时点的财务状况和某一会计期间经营成果、现金流量的书面文件。

会计报表按其反映的经济内容不同，主要分为资产负债表、利润表和现金流量表。

会计报表按其编报的时间分类，可分为月份会计报表、季度会计报表和年度会计报表。

会计报表按报送对象不同，可分为对外报表和内部报表。

会计报表的编制要求是：数字真实、计算准确、内容完整、编报及时。

资产负债表是总括地反映企业在某一特定日期全部资产、负债和所有者权益情况的报表。资产负债表是静态报表，采用账户式结构，编制的理论基础是会计等式“资产＝负债＋所有者权益”，编制的方法是根据总账账户和明细账账户的期末余额分析后填列。

利润表是反映企业一定会计期间经营成果的报表。利润表是动态报表，采用多步式结构，编制的理论基础是会计等式“收入－费用＝利润”，编制的方法是根据有关总账和明细账的本期发生额分析填列。

现金流量表是指一定会计期间企业现金和现金等价物的流入和流出的报表。现金流量表是一张动态报表，它是以现金的流入和流出反映企业在一定期间内的经营活动、投资活动和筹资活动的动态情况，反映企业现金流入和流出的全貌。

同步实训

一、单选题

1. 会计报表反映会计主体在某一时点的（　　）和某一会计期间经营成果及现金流量

的书面文件。

A. 财务状况　　B. 经营成果　　C. 财务计划　　D. 现金收支情况

2. 编制资产负债表主要是根据(　　)填列的。

A. 资产、负债和所有者权益各账户的本期发生额

B. 资产、负债和所有者权益各账户的期末余额

C. 损益类账户的本期发生额

D. 损益类账户的期末余额

3. 利润表是根据有关总账账户和明细账账户的(　　)来编制的。

A. 期初余额　　B. 期末余额　　C. 本期发生额　　D. 本期发生额和余额

4. 资产负债表内的资产和负债项目是按照(　　)排列的。

A. 稳健性　　B. 可比性　　C. 重要性　　D. 流动性

5. 编制利润表的理论基础是(　　)。

A. "资产＝负债＋所有者权益"

B. "收入－费用＝利润"

C. "期初余额＋本期增加发生额＝本期减少发生额－期末余额"

D. "资产＝负债＋所有者权益＋(收入－费用)"

二、多选题

1. 向外报送的会计报表主要有(　　)。

A. 资产负债表　　B. 利润表

C. 制造费用分配表　　D. 现金流量表

2. 会计报表按其编报的时间分类,可分为(　　)。

A. 汇总报表　　B. 月份会计报表

C. 季度会计报表　　D. 年度会计报表

3. 现金流量表是根据有关总账账户和明细账账户的(　　)分析计算填列的。

A. 期初余额　　B. 本期增加发生额

C. 本期减少发生额　　D. 期末余额

4. 会计报表的编制要求有(　　)。

A. 数字真实　　B. 计算准确　　C. 内容完整　　D. 编报及时

5. 现金流量表里面的"现金"包括(　　)。

A. 库存现金　　B. 银行存款

C. 其他货币资金　　D. 不能随时支取的定期存款

三、判断题

1. 编制会计报表的主要依据是账簿记录。(　　)

2. 目前,我国企业利润表均采用单步式结构。(　　)

3. 资产负债表是动态报表,利润表是静态报表。(　　)

4. 资产负债表中的"存货"项目应以扣减提取的相应资产减值准备后的净额填列。(　　)

5. 现金流量表是年度会计报表,也是静态报表。(　　)

四、业务题

（一）目的

学习试算平衡表的编制，编制会计报表。

（二）资料

以学习情境5同步实训中的业务题和学习情境6同步实训业务题中的业务——佳吉股份有限公司20××年12月份业务为资料。

（三）要求

1. 编制试算平衡表。
2. 编制资产负债表。
3. 编制利润表。